婚姻諮商專家
林蕙瑛博士◎著
曲曲◎圖

父母如何與子女
談情說性

父母不敢問
孩子不會說

出版緣起 幼獅文化公司總編輯◎孫小英

一起在生命中輝映、綿延

　　二十世紀末，「新新人類」崛起，資訊傳播多方輸送到家，各種價值觀、人生觀、宇宙觀，多元發展增生，「幼獅文化公司」在多年規畫青少年書刊，如《幼獅少年》月刊、「多寶槅」、「智慧文庫」等書系的同時，聯考升學壓力轉換到另一個肩膀，學力測驗仍然沈重得喘不過氣來，九年一貫教育改革已箭在弦上，而推廣閱讀活動又一呼百應，於是製作前瞻性的系列趨勢書「新High少年」，希望「幼獅」在陪伴青少年成長茁壯之後，能夠描摹出未來新世紀的藍圖，締造一座無內無外、無私無我的地球新樂園。

　　緊接著二十一世紀大幕揭開，「e世代」驟然來臨，不同的思考方式、語言表達、視覺影像和閱讀形態，稍不留神，就錯過了兒童蛻變為少年的關鍵期，或者未嘗注意

其間的轉換，甚至根本不知不覺不同世代發育中孩子的生理及心理的演化與掙扎，如何明白他們的青春心事和困惑，雖然網路中有通羅馬的條條大路，都能尋求了解，皆可獲得慰藉；天地之大無遠弗屆，傳道、授業、解惑無所不能，在指尖點選中，幾乎是掌控自如，萬事亨通。然而，科技的神奇與效率，在跨越時空、穿梭物我之際，總未若父母一顆體貼關懷的心、一聲親切平易的問候、一次熱情真誠的擁抱，與一回披肝瀝膽的傾訴。e世代父母面對一個前所未有的世紀，必須蓄積更多能量及資源，否則會被迎面而來的滾滾新世紀大河淹沒。

因此，「幼獅」特別為e世代父母推出「新High親子手記」，是在面臨錯綜複雜的網路世界，基因圖譜重整、即將複製出質純精良的複製人世紀裡，學習成長的系列叢書。裡面記載的或由初始寄生起，或歷

經懷抱、提攜，童稚、少年，以至青年的各種境遇與景況，不同角度和心情，故而編排上，同一本書裡，親子或各自表述，對映成趣，相互一笑；或同一主題，各自成書，咀嚼省思，彼此了然。總之，為親子互動增添共同的頻率及節奏，即使有所差異，高低快慢容有出入，重要的是，能夠交流了解，尊重包容；動人的是，如同花開花落，草木榮枯，陪伴同行，自然可期。

父母是孩子的根本，左右其發展的方向，若走向有誤，父母應自我省察；孩子不斷成長，父母如停滯不前，則不諧和，無論個人或家庭都易生弊端。特別在整個生活形態、價值定位大翻轉之際，很容易偏離軌道，漫遊無邊無際、無上無下的寰宇中，故當「新High少年」欲建立新樂土的時候，有「新High父母」從旁協助除草、耘地，鞏固基礎，由認知、體諒，以致認同、參與，方能一起在生命中輝映、綿延。

讓我們共同高喊一聲「加油」！

　　「性」在中國人傳統且保守的社

會中，一直是難以侃侃而談的話題，

然而，「性」對人生的影響極大，一個人從出生開始，終

其一生都與性脫不了關係，**而家庭更是每個人性教育的最**

佳學習場所，因為家庭是一男一女因為愛而結合的最親密

組織，在生理上，家庭有著滿足性欲及延續生命的功能；

在心理上，有著彼此互屬的信賴感，能相互分享快樂、分

擔痛苦；而**在社會上，性別角色的剛柔並濟、分工合作，**

其實也都與性有著密切的關係，傳統的性別刻板印象已經

是落伍的觀念，**一個良好的人格特質應該是有男性化、女**

性化特質並蓄，孩子成長的過程中有無數機會接觸到相關

的訊息，尤其是來自父母的觀念與價值觀，甚至可能比學

校教育更深深影響著孩子。

過去社會的「男女授受不親」、「男主外女主內」等觀念，都是在避免兩性有所接觸，已經不合時宜，對孩子來說，在這樣的社會規範下，反而會讓孩子對兩性更好奇，但在缺乏正確的教育之下，青少年極容易產生迷思，誤認為性行為才是「真愛」的表現，甚或性價值觀混淆而產生以身體來換取金錢的性交易，以及社會新聞中時而出現相關的性偏差事件，如青少年婚前性行為導致未婚懷孕，或是高學歷的男女用極端的方式處理感情問題，傷害自己也傷害到別人，更有才國小年紀的孩子就對同學性騷擾、性侵害的事件，其實這些都顯示出孩子是多麼缺乏正確的性知識與性觀念，**父母常會認為孩子太小不需要告訴他們這些，等到孩子大些，進了學校，父母認為學校的老師就會教，也知道該如何教，等到孩子更大了，父母更認為孩子都已經這麼大了，不用告訴他們，結果，孩子很有可能從小到大都沒接觸到這塊領域，或者是接觸的極少，**然而，不管在人生的任何一階段，孩子成長的路上都會遇

到諸多「性」方面的疑惑與困難，若是等到發生問題才正視孩子的性教育，將很難使用正確的方式處理。

　　父母實為孩子性教育最早與最重要的啟蒙老師，但許多父母本身的性觀念並不一定正確，甚至會認為性是一件骯髒可恥之事，絕對不能拿到檯面上談，更不能與孩子討論，以免教壞孩子，這是非常錯誤的想法，取而代之的是**父母應如何加強本身的知識以及如何學習與孩子開放的談心與說性，父母應該要學習建立健康而開放的人生觀，坦然的與孩子一同探討性**，若遮遮掩掩的避免孩子去接觸性，在這樣資訊爆炸的時代下，孩子仍會有非常多元的方式與管道去獲取他們想要了解的事情，我們反而無法確知孩子所吸取的知識、觀念是否正確，通常孩子也無足夠的能力去辨別不實的內容，而照單全收的結果，卻造成孩子身心靈受創，而當孩子生活中出現危機的事件時，也許更因為擔心父母的責罵與不諒解，不敢告知家人，反而延誤事件的最佳處理時機。

　　對孩子的教育，我們深知預防的效果絕對重於補救的

工作，然而無論是父母或是教師，給青少年的性教育多半仍停留在「性生理」知識，常會忽略「性心理」的部分，我們常可以發現受到「哈日」的影響，青少年的性價值觀已經過於開放，很多性氾濫的現象，如「援助交際」事實上都已悄悄流入青少年的次文化中，漸漸使青少年對性愛關係、身體意象或是物質需求等價值態度混淆，一切以自我享樂為準則，無形中很容易傷害到自己也傷害別人。青少年快速的膨脹自主意識，其實他們尚不懂得如何做出正確的抉擇，也不了解何謂對自己的決定負責，衝動下做出的行為，常會造成難以彌補的遺憾。

　　性教育絕非僅指生理教育，而是全人的生活教育，更不能只靠學校教育獲得，學校固然會有這方面的教育，但校內教師一人面對數十名學生，難以一一照護，孩子縱然有疑惑，也不見得敢勇於求知或是可在第一時間獲得解答，父母與學校均應加強此方面的教育，除了要建立自己對性的正確價值，以健康的態度面對性議題，更要學習溝通與問題解決的技巧，以教導並協助青少年能正確且負責

的作決定。

　　林蕙瑛教授係本人多年老友，一起為台灣之性教育推廣而努力，她不僅是婚姻諮商專家，而且數十年來蒐集青少年、家長、老師、社會各界人士有關情感問題之疑難雜症無數，分析回答問題經驗老道。**林教授在本書中蒐集了許多真實發生在家庭及校園中的案例，除了反映社會現況，更希望能讓為人父母與教育工作者重新審視目前青少年的內心，從多年來的實務經驗，讓本書讀者了解問題所在，也提供分析並建議處理的方式，著實可以讓許多父母親遇到孩子類似的問題時，心裡有所準備也更有力量去面對及處理。**

　　雖然我們都希望年輕的生命是一段快樂的花樣年華，但對於許多青少年來說，青春生命可能是既熱情又茫然的，所謂「少年維特煩惱」，是需要我們花心思去陪伴孩子度過這段青澀時期，走出屬於自己的一條康莊大道。**本書特別為家長設計，面對青春中、後期子女的感情困擾提供指導，可作為親職性教育的重要參考書。**

　　大人們常會感嘆，現代的小孩早熟，國中生就亂搞男女關係，一些輔導老師也常分析，國中生來自父母太忙或不睦的家庭，感覺不被關心，所以向外尋求親密關係，誤以為男女之性就是愛情。他們所言一點也不錯，而媒體的推波助瀾也是助紂為虐，只是最重要的一點，大人們忽略了，就是孩子們在性方面似懂非懂，有些人還近乎無知，父母覺得孩子還小，不須懂太多，老師在學校課程開始教授性教育，畢竟時間有限，孩子們基於身體的呼喚及心靈的好奇，早就迫不及待的想要進入男女親近的世界，感受肌膚相觸的滋味了。

　　國、高中生發生性關係的人數比例愈來愈高，男生憑

衝動行事，女生以爲是愛情的表徵，就因爲只是喜歡，不是愛情，所以來得快、去得也快，被分手的一方比提出分手的一方受傷更重，但是雙方都有可能被錯誤的性愛觀念引導，影響到大學時期乃至進入社會後的男女關係。

父母親總吝於與讀高中的子女談「性」說「愛」，雖然學校裡已經有不少男女來往的機會，因爲父母期望孩子能用功讀書考上大學，或者完成高職學業進入社會再說，其實高中生在情愛之路上已經開始徬徨了，有關自信心、情欲需求、性愛知識、戀愛與婚姻、避孕與性傳染病，都已經變成切身的問題了。到了大學階段，男女社交開放，機會增加，校園裡一對一的情侶常可見，也有同居現象，但父母不是不知道就是呈現不悅而責罵，因此孩子自小到大在兩性關係的路上都是自行探索，獨自行走。有原則或運氣好的孩子走得順暢；不懂性事，對自己沒信心的孩子則是滿心挫折與傷痛，同時也帶來社會問題。

孩子的本質是善良的，愈年輕其可塑性愈高，而父母是與孩子相處時間最長最久的照顧者，除了解孩子的個性

特質及知道他們喜歡吃哪些食物之外，經常與孩子在不同的成長階段談「性」說「愛」，灌輸正確性愛、感情、婚姻觀，以期他們除了完成學業後，可以找到一份好工作外，也能擁有自信，享受愛情關係，過著兩情相悅的感情生活。本書《父母不敢問孩子不會說》即是針對父母而寫的，有關子女性教育與性諮商之書，透過常見的案例來說明年輕當事人的情愛與性需求、他們的心情起伏與種種盲點，及他們的心路歷程，讓父母由此管道進入他們的內心世界，了解其感受及行為緣由；以家長及朋友，甚至過來人的身分來陪伴他、支持他，期望孩子能藉由父母的愛與關心自內心產生力量來面對，並培養能力來處理自己的感情性愛問題。

　　本書包含了現代家庭中逐漸成長的高中、大學子女常見的一些性愛感情所牽扯出來的議題，如同性戀、談戀愛、性關係、懷孕、避孕、墮胎、劈腿、分手、性別觀念、趕時髦、婚姻觀、親子距離、父母離婚及父母再婚等，以及有關父母該不該介入子女的感情困擾，對於問題

作深入的分析及討論，是父母必讀、輔導老師要看以及子女可以翻閱的生活化叢書。發生在別人身上的事可以作借鏡，未雨綢繆，因為有心得、有思考，萬一發生在自己的子女或學生身上，也可以當成教材、講故事給他們聽，容易獲得信服。

謹在此感謝幼獅文化出版公司的孫小英總編輯，經過她長期愛心的鼓勵及耐心的催稿，這本書在醞釀了一年後終於完成了，也感激出版社的相關工作人員將文稿編成美麗的書。以本書我願與天下父母共勉之，讓我們除了老吾老以及人之老外，一起來幼吾幼以及人之幼，以建立幸福家庭和諧社會。

謹以此書獻給我去逝八年的
父親林衡道教授。

父母如何與子女
談「情」說「性」

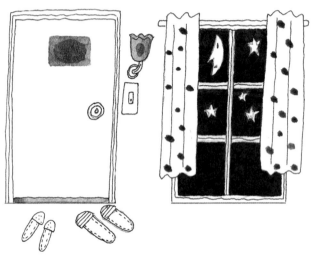

哥哥與女友

「哥哥交了女朋友之後，經常很晚回家，惹得爸媽不高興，因此還吵過幾次架，最後哥哥決定聽從媽媽的話，放學後帶芝萍回家吃晚飯，然後再一起做功課，我們一家四口加上芝萍共五人，享用熱騰騰的晚餐，好熱鬧，爸媽都很開心。」慧文在諮商室內向林老師娓娓道來。

「有一個周末，芝萍留在我家過夜，我媽讓她睡書房，但第二天早上哥哥與她一起從書房走出來，此後她一來我家夜宿，哥就自動搬去書房睡。媽表面如常，私下卻經常向我發牢騷，說什麼：『兒子見色忘家』、『世風日下，女兒家不害臊，公然與男友睡在一起，真是作孽啊！芝萍她父母根本不知道女兒放浪形骸，跑到男人家來睡，唉！』我跟媽說是哥哥要她來的，媽卻說：『她可以拒絕啊！哼，還不是自己想要！』我勸她不妨視芝萍為未來媳婦，她卻嗤之以鼻：『你哥還要讀研究所跟當兵，到時候芝萍不知跑到哪裡去了！』我真是拿我媽沒辦法。」

「讓我最受不了的是，媽總是再三告誡我：『我警告妳啊，

以後可不要像芝萍這樣不是在賓館就是在男人家裡睡，會給人家看輕的，爸媽會很丟臉喔！』我當時覺得她想太多了，聽過就算了，只是感覺我媽爲何如此雙重道德標準且思想落伍。」慧文的表情愈來愈沉重。

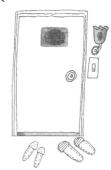

問題呈現

「大二下我認識大偉，慢慢培養感情，都沒讓我媽知道，我們交往八個多月了，我還不敢帶他回家，一旦讓媽知道了，老是問東問西，像我常去幾個高中好友家過夜，她說不定會以爲我整夜與大偉在一起，我有自己的原則，其實她大可不必窮擔心。」慧文似乎滿腹委屈。

「快放寒假了，大偉邀請我去他台南的家玩，也見見他父母親，我好想去，但就得騙我媽說和同學去南部遊玩，我從未撒過這種大謊，對母親會有罪惡感，但是我眞的很喜歡大偉，不忍心讓他失望。」

慧文終於說出重點了：「大偉常要求要有性行爲，我也很

想與他親近，但我都克制住了，媽的話常在我耳邊響起，有時我會突然在親熱時，將大偉推開。而不久後我要去他家住，我擔心我也會變成下一個芝萍姊了，老師，您聽了一定會覺得很好笑，可是我真的不知道怎麼辦？」

分析與輔導

慧文的苦惱不是沒有道理的，但因為牽涉到性事，她覺得很窘迫也很罪惡，林老師以同理心反映出她的情緒，並稱讚她具有勇氣與表達能力，能將自己的問題經過整理後呈現出來，而且也願意承認自己的需求與情欲，帶著掙扎於親情與愛情之間的痛苦，前來求助。

現代年輕人性愛的觀念相當開放，同學之間誰和誰已有親密行為，大家都心照不宣，只是父母師長都不教孩子談性說愛，視為禁忌，所以孩子表面上態度保守，私底下卻行為開放，不得不陽奉陰違。慧文與大偉繼續發展感情，本來也可能循序進入親密關係，但因母親耳提面命的嚴重警告，造成她在親熱時的陰影，雖有嚇阻之力，卻帶來不良影響，她在從事性

愛行為時，會產生焦慮與罪惡感，無法盡情享受，慧文必然難以向大偉解釋，大偉可能會因此覺得她怪怪的。而慧文為了要維持與大偉的感情，向母親撒謊的次數會愈來愈多，因此母女關係也會呈現不同的面向，而不是單純坦然的親情了。

慧文的問題乍看之下是根源於哥哥與女友的事情，事實上則是由於家庭成員，尤其是兩代之間的欠缺溝通。不願意面對事情，或是勉強接受事實卻給予負面的評價，這就是母親的態度；夫妻間也並未就兒女長大談戀愛之事做溝通，也許父親是自男人的觀點來看兒子帶女友回家的行為，也或許他是傳統男主外型，認為教導孩子是母親的事；有什麼心事都跟女友分享的哥哥，是因怕媽媽嘮叨，為了息事寧人，才將女友帶回家中，但兩人還是擠在書房的小天地中，與家人沒有良性互動與雙向溝通；而做妹妹的既不敢管哥哥的事，又沒有發言權，只有聽媽媽話的分，一旦事情發生在自己身上，便覺得孤立無援，家人成了最遠的親人。

父母並不認為自己沒把孩子教好，只是怪孩子長大了不聽話，所以父母永遠不知道自己還有學習及改變的空間，如今慧

文覺得有改變現狀的必要才來求助，她的當務之急就是打開與父母溝通的管道。當然她得在諮商過程中確定自己與大偉的感情，願意對自己的行為負責，並懂得保護自己，且了解需在能預見好與壞的後果、有萬全的身心準備之下，才能進入親密關係。所以慧文深思熟慮之後告訴林老師：「我目前還沒有準備好，不過，我會試著讓大偉了解我的想法。」

慧文也知道戀情不需偷偷摸摸，她希望大偉能夠出入她家，就如同她可以出入大偉家一樣，也期盼能得到父母的支持與祝福，不論以後會如何發展，她想要同時擁有愛情及親情。當慧文確知自己的需求後，林老師鼓勵她去與父母溝通，尤其是母親。學習了溝通的技巧，抓住方向及重點，她先就哥哥的議題與媽媽討論，母子從未談過交女朋友可能會發生的事情，哥哥有自己的作法，久了也就理所當然，而母親有自己的想法，卻敢怒不敢言。其實媽媽應該高興，哥哥因為在乎媽媽，才會在家公開戀情，何況孩子在家與女友同宿，總比他們在外面隨處過夜安全，且也比較不會變壞，既然禁止不了，不如尊重他、接納事實，並展開溝通，在觀念交流之際可藉機引導或

是互相學習。

接著再與媽媽討論關於自己的部分，告訴媽媽自己已經二十三歲，是大人了，可以對自己的行為負責，如果交了男朋友請父母不要擔心，希望他們能接納子女帶異性朋友回家吃飯，也請父母貢獻意見。即使剛開始母親的話一定很不中聽，但要體諒父母的愛女心切，要用耐心與勇氣慢慢讓他們了解年輕一代的想法及生活方式。

結語

諮商過程中，林老師與慧文總共晤談了十次，歷時三個月，媽媽從認為女兒學壞到發現她長大了，也驚訝於她會主動與家人談學校發生的事情，包括同學的生活方式、自己的想法。媽媽即使還不能接受子女未婚時就有性行為，但她至少承認芝萍是個好女孩，很愛哥哥，也對家人很好；雖然還是會嘮叨女兒對男人要小心，但也承諾尊重慧文的作法，相信她的言行。而慧文的心理負擔減至最低，比較敢向大偉直言苦衷或看法，大偉感受到了她的誠摯，兩人的感情更上一層樓了。

建議

1. 讓孩子從小學開始就和父母談「情」說「愛」，使他們有管道可詢問與討論男女「情」事。

2. 不禁止國、高中孩子結交異性同學，鼓勵大夥兒一同出遊或到家中來玩。

3. 把話說在前頭，要孩子在二十歲以前對父母負責，二十歲以後對自己負責。

4. 碰到像慧文哥哥般的情形，不妨先私下問兒子要怎麼安置女友，他若堅持要同眠，就得要他承諾安全性與保護性，但也要尊重家人。

5. 父母也不一定要順著孩子被迫同意，畢竟這是父母辛苦打造的家，或許父母可堅持孩子若要過成年人的生活，不妨自己打工賺錢在外居住。

6. 不可怒罵或批評，盡量心平氣和與之對談，別把關係弄僵。

女同性戀的故事

玲玲的心事

玲玲從小就知道自己是女同志，雖然可以與男生相處和諧，卻從未有遐想，倒是高中時曾先後瘋狂喜歡上兩位女同學，後來都因對方受不了她的亦步亦趨及身體碰觸而鬧翻，那是她最低潮的人生。

大三時在網路上認識英英，兩人相見恨晚，交往沒多久決定住在一起，同睡一床，舉止親密，其他室友看在眼裡心知肚明，但因學校風氣開放，室友並不排斥，她們的同志身分在公寓內也就自然而然的公開，隨後的兩年是她倆最快樂的一段時間，讀書、戀愛、同進同出、享受人生。

畢業後兩人都決定留在台北工作，英英喜歡念書，白天當研究助理，晚上去補習，希望兩年後能考上公費留學，而玲玲則在貿易公司上班，吸取國貿經驗，晚上兼家教，盡量存錢，以期日後赴美留學。她們搬離學校附近，在市區分租了一間公寓，室友也是上班族每天忙碌，並未覺察到她們的親密關係。

玲玲的父母一直懷疑她在大學時就交了男友，假日很少回家，寒暑假頂多住兩星期就急忙回台北。畢業後要她回來家鄉

的銀行上班她也不要，父母十分擔心，常三天兩頭打電話詢問，母親還數度上台北探望，女兒雖是熱誠接待，母親還是覺得怪怪的，有時玲玲及室友的眼神閃爍且臉色倉皇。在上火車回南部的那一剎那，媽媽終於忍不住發問：

「妳到底交了男朋友還是交了女朋友？」

玲玲被突如其來的刺探給問倒了，一時不知所措，只能囁嚅的說：

「沒有啦，妳別亂想！」

火車就在母親狐疑的眼神中啓動離去了。

問題呈現

玲玲回去大學找她相當佩服的輔導老師王老師，道出問題：

「我並不是存心要欺瞞父母，尤其是媽媽，她仍愛我關心我，幫我在家鄉找到工作，還想替我介紹男友，以後結婚生子，離她們不遠，可以常見面，但是我和英英在台灣很難生存，我們廝守一輩子就可能要住在美國了，所以我更要努力工

作，存錢出國留學，以後留在那裡找工作定居。那時候就算他們知道我的同志身分很難過，他們也會想到我在異國很寂寞，有同志愛人陪伴總比沒有人陪伴好，也許他們就不會介意了，何況又是天高皇帝遠，他們也管不到了。」

「只是我媽最近常來台北與我同住幾天，催我回去南部上班，她好像發現英英與我不只是室友的關係，講話帶刺，對英英態度不太友善，還私下威脅我說要去找我大學同學問清楚。我心裡很著急，因她是好面子的人，女兒是同性戀將使她在親戚面前抬不起頭來，而且她會對我很失望，怎麼辦？」

王老師先加以同理後，反問玲玲：

女同性戀的故事

「妳認為妳應該怎麼辦？」

「也只好以不變應萬變了，死不承認！」

「這就是問題所在了。」王老師語重心長的望著玲玲。

「哦？」玲玲不解。

分析與輔導

王老師稱讚玲玲有追求自己人生的勇氣，以及與英英的共同人生規畫，未來的願景的確是充滿了希望與期待，但是要實現美夢之前還有一大段路要走，而人生的每一分鐘都應該踏實的活著，如果只是為了逃避台灣社會壓力及家庭的壓力，在異國生活也不見得如她想像的是天堂，就算在大城市生活較少對同志的壓迫與歧視，還有室友許多生活上的壓力得面對，何況好幾年後會發生情變，還是快樂終老，誰也不能預料，如果能趁年輕的現在，試著培養共同面對壓力，針對可以處理的事情去進行，致力於減少壓力，增加自由的空間，則兩人的感情基礎更堅固，未來將會面對的種種問題就較能理性且實際的去處理了。

小時候心智還未成熟，缺少獨立思考的能力，大小事都依賴父母，所以盡量順從，以免父母因不高興而責罵，但玲玲與英英均為成年人，面對的是成年親子關係，而不是上對下的親子關係，因此自己要先站穩腳步，來傳達自己對感情的性向以及對父母關心之感激，並不是現在馬上就要告訴父母自己是同性戀，玲玲自己要有充分的準備，也要給父母有心理準備，例如在母女互動中流露出對男性沒有興趣，自己喜歡一個人過生活，或者找個女伴一起過，並灌輸母親，感情是不能勉強的，能找到合意的對象是很快樂，但能永遠享受親情則是幸福，也就是讓父母知道她有多感激及珍惜他們的愛。

　　女兒結婚生子是傳統的期望，而一個女人能孝順家人，工作敬業，有自己的生活及規畫且感覺快樂才是最重要的，做父母的不需要向別人炫耀，「我女兒生了三個男孩，我有三個孫子了」，而是與別人分享，「我女兒工作很認真，平時生活也很快樂」。玲玲可

以慢慢教育父母，她要的生活是與父母的生活以及他們對她的期望不相同的，他們起初一定會不以為然，然而女兒總是坦然而堅定的表示，他們也說不過她，就只好慢慢的因習慣而接受了。

然後才是玲玲揭露同志身分的時機了，與父母分享自小到大的心路歷程，可以溫和的娓娓道來，再加上書信紙條，描述掙扎與感受，強調只願意跟最親的家人述說感情世界及生活計畫；同性戀不是錯，卻很難被認為對，沒有做錯事卻被認為不對，是同志們最辛酸辛苦的壓力，如果能有父母的了解、接納、支持，壓力就可減少一半。

王老師的分析，讓玲玲茅塞頓開，過去自己老是擔心父母會被親戚恥笑，父母會強迫她「變回」異性戀，總是躲他們躲得遠遠的，即便回家相處或用餐，也都只聽不說或言不及義，這種態度當然會招來不滿、關切，甚至懷疑，母親才會北上偵察逼問。原來自己一直都在傷父母的心，說是要保護他們並維護其尊嚴，居然是自己的藉口。

結語

　　玲玲獲得了英英的支持與鼓勵，決定要投資半年的時間，每隔一周一定回家住兩晚，陪他們聊天，帶他們上館子或去郊外踏青，每次都耐心的讓父母把要說的話說完，她才說出自己的想法，態度溫和言詞卻有力。父母很驚訝的發現玲玲的轉變，對於她所說的話都一字一字的聽進去，雖然不表贊同，但也不得不視她為成年人，有表達的權利，於是溝通的管道打開了，父母開始認識女兒，發現她仍然是個很好的女兒，只是她喜歡的是女孩罷了，心中雖有遺憾，卻也不得不接受事實，英英也是別人家的女兒，她跟她的家庭也可能同樣在受苦，本著

女同性戀的故事

幼吾幼以及人之幼，又多了一個女兒，也沒什麼不好，但卻能帶給她們兩個人輕鬆與愉快，也只好認了。

半年的努力果然沒有白費，此後玲玲帶著英英每兩周回家一次盡孝道，父母真切的感受到玲玲的愛心與孝心，了解到只要有心，親情是永遠存在的，反而倒過來鼓勵玲玲與英英出國念書，而小倆口子也修改計劃，打算學成後回國服務，共同生活並多陪家人。

這是一個好的開始，但並非故事的結束。

建議

1. 父母的感情性愛字典中務必加上「同性戀」一詞，它和「異性戀」一樣，只是戀愛的性別取向不同而已，女同志或男同志亦都渴望經營及維持真誠的感情關係，亦即父母也需要學習，性教育是人的一生教育。

2. 玲玲已經是成人，責罵或壓迫只有把她推出家門或將她孤立，其實做父母的也太疏忽了，從沒有注意到女兒的感情需求及平日表現。從前，女兒太小太害怕，不會溝通也不敢求

援，兩代之間的表面和諧掩蓋了真情的疏離及各懷鬼胎，現在後悔及責怪都太遲了，最好的做法是接納她、支持她及祝福她。

3.每個子女都有自己的感情生活，既不需要敲鑼打鼓昭告親友，也不用刻意隱藏怕人知道，只要不是濫情或傷害，當事人自己覺得好就好，她得為自己的行為負責，也從關係的經驗中獲得成長。

女同性戀的故事

保險套事件

爸爸的發現

　　小菊到同學家製作校慶海報，爸爸一個人在家吃便當及水果後，突然想起大姊夫的生日快到了，得趕快寫張賀卡寄去美國給他，等寫好信封貼好郵票正要封口時，發現原來信封口是沒有黏膠的，他只好到小菊房間，打開她書桌的抽屜尋找透明膠帶。打開第二個抽屜時，膠帶是找到了，但也同時看到一盒保險套，爸爸簡直不能相信自己的眼睛，十七歲的女兒，還在讀高二，居然會有保險套，難不成已經跟人家……。

　　爸爸腦中一片混亂，許多情景頓時浮現。三年前妻子有外遇堅持要離婚，女兒心情受到影響，沒有考上理想高中，就讀私立中學，也許因此而交到壞朋友？不過女兒跟爸爸很親，堅持要跟爸爸住在一起，雖然話不多，卻很體貼又聽話，怎麼這

麼早就交男朋友且有親密行爲了呢？

　　都是她媽媽害的！爸爸心中激起一股怒氣。女兒正值青春期，沒有媽媽在旁給予指導及談心，爸爸又不知如何與女兒開口談男女情事，她是否就隨波逐流，看到班上同學談戀愛，就有樣學樣的辦起家家酒來？但是有用到保險套就已經非同小可，不是兒戲了，怎麼辦？爸爸愈想愈急，全身開始冒汗。他拿起聽筒，撥了電話給大學同學，目前在某國中擔任輔導主任。

問題呈現

　　「老張，大事不好了，我女兒變壞了，小小年紀就不學好，亂搞男女關係！」爸爸又急又氣，聽到老友的聲音，口不擇言的傾訴。

　　「聽起來你很氣小菊，慢慢來，不要急，告訴我你和小菊之間到底發生了什麼事？」張主任冷靜但誠懇的說。

　　「我在她抽屜裡找到一盒保險套，你說說看，十七歲小女孩就開始使用保險套，是不是很丟人？我怎麼會生出這種女兒？

都怪她媽媽不好，上梁不正，下梁歪，真氣死我了！」爸爸忍不住連珠砲。

「老陳，冷靜些，光看到一盒保險套就可以激起許多的想法及強烈的反應？這是你關愛女兒的表現？說話要小心，有些事情是教養問題，不是遺傳因素。我知道你擔心小菊，但如此惱怒生氣是無濟於事的。」

「那你要我該怎麼做？」爸爸以防衛的口氣問道。

「你認為你該怎麼做才會對女兒最好？」張主任溫和的反問。

爸爸愣住了，過了半晌，才緩緩的說：「我也不曉得，只覺得心疼！就是不知道才來請教你啊！」

「這盒保險套也許是好友寄放的，也許是她為了保護自己才買的，不論她有沒有性行為，你要知道，小菊已經長大了，現在的孩子早熟，不像我們那代，男女情事都不懂，像小菊懂得避孕，就是成熟的表現，現在最重要的是要了解交往的對象及她感情關係的本質，如果是逢場作戲，當然很危險，要加以勸導，但如果是放感情談戀愛，也要從旁引導。」張主任徐徐道來。

「我怎麼知道她的感情生活？這麼小的女孩就要談情做愛了？」

「在爸爸眼中，女兒永遠是小孩。從你的反應可以看出你從來沒有和女兒談過男女性愛之事，還責怪她媽不在身旁。小菊當初既然選擇跟你住，你就得擔負教養的責任，而兩性關係也是教育的範圍，因此目前你最大的問題是親子之間缺乏溝通。你說她話不多，我看你自己也很少與她聊天聊生活，對不對？」張主任如剝洋蔥似的加以分析。

「沒錯，你說的一點也不錯。」爸爸低下頭承認，沉思了一會兒，又說：「要怪還是得怪我這個做老爸的，看著女兒乖乖在家就以為天下太平，唉，女大十八變，女大不中留啊！老張，我得試著去與小菊溝通，多了解她的內心世界，但是我該如何處理這盒保險套呢？是把它沒收還是擺在原處呢？」

老張聽了不禁搖頭，笑著說：「原來你困擾的是這件事，保險套又不是你的東西，你有權利去碰它嗎？」

分析與輔導

爸爸下班回到家，與女兒分食從日本料理店外帶的高級便當，飯後分享水果及冰淇淋且邊看電視邊聊天，爸爸順口帶出幾句話：

「昨天爸爸去妳書桌找膠帶，在妳抽屜裡看到爸爸不該看到的東西，有點吃驚，不過爸爸很高興，妳長大了，而且懂得保護自己。」

爸爸期望聽到小菊的反應是否認，並澄清是同學寄放的，然而看到的是低頭不語，一副做錯事等著挨罵的表情。

「傻孩子，妳又沒做錯事，爸爸不會罵妳的，妳交男友是遲早的事，以前爸爸把妳當小孩，沒注意到妳已經是小大人了，都沒有教妳一些男女相處的原則，以後我們可以展開成人的對談，像父女也像朋友，好不好？」

小菊以不可置信的眼光看著父親，好像一下子無法承受爸爸的寬大為懷，只是以微笑點點頭來回應。

第二天爸爸回到家時，女兒留一封信，說和朋友去看電影，十點回家，然後提到她和男友彥予交往的始末，兩個人都

是單親家庭的小孩，惺惺相惜，互相關心，同時表達感謝父親對她的尊重。爸爸感動萬分，切好芒果剝好荔枝，等女兒回家時吃點心聊天。

聽到開鑰匙的聲音，爸爸趕緊把門打開，女兒與男友正在道別，乃邀請兩人進入客廳吃水果嘗巧克力糖。彼此寒暄了一陣子之後，爸爸才發現原來彥予的單親媽媽也不知兒子交女友之事，除了教育女兒兩性相處以及性愛諸事之外，如何讓彥予了解這分感情應可公開於母親面前，也成了他的間接責任。兩代之間一向缺乏親密溝通，總要有一方先起頭。

此後父女之間的話題增多了，小菊會分享她與男友間的趣事與爭執，也開始關心父親的感情生活，雙方也因有溝通而同心，因有抒發而將對妻子／母親的不滿化為祝福。由於父女彼此互相信任，親密感提升，比較容易進入戀愛、交友、擇偶及性愛這些方面的議題，爸爸主要想傳遞的訊息是小情侶還年輕，不一定會成終生伴侶，但目前兩人的互動及感情的經營正是人際關係的練習及經驗的累積，對於個人成長是有很大助益的。

結語

　　小菊了解到自己還要考大學，以後是否還能與彥予在同一間學校誰也不能預料，目前兩人的共同目標就是分享生活及準備升學，即使以後無法開花結果，也有現在的生活作為將來美好的回憶，十七歲的年紀談情做愛實在是太年輕了一些，但因小菊與彥予均來自單親家庭，思想方面較早熟，親密的心理渴求也較強烈，兩人相依相惜，知道自己在做什麼，自從有小菊的父親介入之後，兩人的感情可以公開，且被祝福與尊重，他們背負著爸爸的期望，也自然小心翼翼的在感情之路上結伴而行。

　　爸爸還很慶幸自己看到這盒保險套，他才會向張主任求助，而後茅塞頓開，打開親子溝通的管道，試想如果是在別種情形下發現女兒有親密男友，一怒之下不把他們倆揍個痛快才怪，這樣做有可能將女兒推出家門，自己則痛苦不堪，好在這可怕的一切都沒有發生，事情的發展遠比自己期盼的更正向而樂觀！

父母不敢問孩子不會說

40

建議

1. 單親家庭的父或母，一人兼兩職，可以在適當機會以不同的性別及恰當的語言和孩子們，尤其是青少年男女，談父母這一代的戀愛感情觀，以及現代的性愛及婚姻觀，也聽聽孩子們的觀點，不同的觀點可以並存且加以討論。

2. 不妨以社會新聞中的感情事件為案例，來與孩子們談論處理感情糾紛的較佳方式。

3. 灌輸孩子兩性交往，從約會到談戀愛，都是人際技巧之練習與人際經驗之累積，有成功也有失敗，成功不忘形，失敗不仇恨。

4. 現代人談戀愛，不是從一而終，愈早開始談戀愛，未來之路愈不可預測，各人要有心理準備。

虛驚一場師生情

美娟的祕密

　　美娟是班上相當乖巧的學生，舉凡烹飪及縫紉的家政作業都很細心製作，認真呈現，頗受家政老師的讚賞，因為彼此有不少互動，美娟有時會到科任老師辦公室來與王老師聊天。最近連續來了三次，先是問老師的兒子是不是跟媽媽無話不談，後來話題轉到抱怨父母因工作太忙，回家後已經很累，親子之間很少聊天。表面上是在閒聊，但王老師注意到美娟幾次欲言又止，終於在放學後主動找她，問她是不是有事情要跟老師說。

　　她顯得很難啟齒，老師再三保證絕對不會告訴任何人，雖然不知道這是什麼問題，必定是很令美娟困擾的事，說出來聽聽，一起來想想該怎麼做較好，在老師的鼓勵與支持下，美娟終於吐出了一個問題。

　　「老師，您知不知道女生的陰核有多長？」

　　王老師冷不防被這個奇怪的問題嚇住了，每一個人都有陰核，但很少人見過自己的陰核，更不知道它的長度，只好老實回答：

「老師不知道耶，不是很短嗎？」

「我也覺得應該很短，可是……」美娟一臉憂戚的表情。

「妳怎麼會想要問這個問題？」

「老師，我……我可能是陰陽人……，我……」美娟說不下去了。

「孩子，妳怎麼會這麼說呢？」老師一頭霧水。

「我以前在書上看過陰陽人的照片，女人有胸部，但也有男性的生殖器，突出來一截，好可怕喔！」

「妳是說，妳……」老師張口結舌。

「老師，我的陰核好像有點突出來，我真擔心我是陰陽人！妳可不可以幫我忙，告訴我陰核的正常長度？」

「妳是說妳害怕自己不正常？有沒有問過妳媽媽這件事？」

「我一開口她就罵我胡思亂想，說她太忙太累沒空回答我的蠢問題，但我真的很害怕，也覺得好孤單、好無助！」美娟委屈的說。

「可憐的孩子，怪不得這陣子妳相當焦慮，老師陪妳去看婦科醫師好不好？我們找個女醫師，因妳還未成年，若有任何事

醫生可以跟我商量，我們一起協助妳，好不好？」

「真的肯陪我？謝謝老師！」美娟心情總算稍微平靜下來。

問題呈現

女醫師問了美娟幾個問題，並請她坐上檢查椅，仔細審視她的性器官，很平和的宣布美娟的陰核長度正常，外生殖器官並無異樣，絕對與陰陽人無關，美娟如釋重負，嘴裡一直說「謝謝醫師！」但醫師突然正色的問她：

「妳平常是否有自慰的行為？」

「我……我有時候有。」美娟一臉窘迫的回答。

「當妳用手指揉搓陰核時，它因受刺激而腫脹，而妳身體開始興奮時，陰道開始分泌潤滑液，陰道口逐漸張開，大小陰唇會自然微張，此時腫大的陰核就有點突出來。」醫師繼續說，「陰核其實跟人的眼睛、嘴脣或胸部一樣，每個人大小不一，當然不會相差太多，但不是人人一樣大小，妳的陰核是長得稍長，也是在正常範圍內，當自慰興奮時，它就會脹大而突出一點點，這是自然現象，不用擔心。」

王老師自醫生處也上了一堂課，一方面忙於消化，一方面心裡在想回去後該如何與美娟說自慰的議題，而美娟大概也覺得隱私曝光，很不好意思，但是醫師的問話具有權威性，不誠實回答是不行的，所以她一路頭低低的，緊跟在老師後面離開醫院。

　　老師回家後就開始做功課，在書架上找性教育的書籍，並在網路上查有關自慰的學術資料，心裡在盤算次日該如何向美娟啓齒，縱使自己心裡已有個底，還是得組織思緒，好好的諮商美娟。

分析與輔導

　　美娟看到老師的第一句話是：

　　「老師，妳不會覺得我很差勁、很淫蕩吧！」

　　「怎麼會呢？妳是好孩子、好學生，老師一直都很喜歡妳、關心妳啊！」

　　「當妳知道我自慰後，妳還認爲我是個好孩子？」美娟終於道出顧慮。

「聽起來妳對自慰行為很擔心、很焦慮？每一個人感到自己有性需求的時間不一樣，處理的方式也不盡相同，探索自己的身體，享受身體的舒服感是人類自然的行為，與淫蕩無關，也不用覺得羞恥，而自慰能帶給妳身體感官的愉悅所以會增強妳自慰的行為。」王老師一口氣說出很新潮且讓自己信服的話。

「哦，是這樣子啊！那為什麼書上說自慰有害身體，而我在國中時也聽男生說過女人自慰是生性淫蕩。我也聽說男生打手槍打多了，以後長大生不出孩子來。」美娟不解的問道。

「那些全是道聽途說，也就是自慰的迷思。妳會自慰，就是因為妳對男女情事有憧憬，經常撫摸自己的身體，享受那種愉快的感覺。但是不論男女，如果天天都在好奇『性』這件事，又不敢啟齒詢問，經常胡思亂想且自慰頻繁，身體當然會疲倦，上課難免打瞌睡，注意力不集中，就會影響到學習，因此傳統的觀念是不鼓勵青少年自慰。」

「所以老師的意思是我可以自慰，自慰是正常的，我不是淫蕩的女孩。」美娟還是不十分確定，但心裡已經聽進去了。

「淫蕩是指貪慾，男女皆有可能，過去因封建社會男性有雙

重道德標準，男性可以縱欲，女性則完全不可以有自己的欲望，女性因怕被冠上淫蕩的字眼，只好乖乖順從男性的要求。其實是人，都有生理上的需求，男女平等，誰也不能去嘲笑誰。」老師耐心的解釋。

「那我就放心了，只是同學們好像都不知道，上課沒教，大家不敢問也不敢討論？」

「是的，一般家庭及學校老師還是很少主動與孩子們談自慰需求的正常現象與對健康無害的，總是等到學生心理上產生嚴重困擾才來補救做輔導，可憐學生就已經承受緊張、焦慮與不安了。」

「預防真的很重要啊！」美娟恍然大悟。

結語

美娟最初的問題是女性陰蒂有多長，聽起來像是探詢性知識，如果王老師只是針對發問而給予回答，則美娟雖有答案卻仍然沒有概念，反而更擔心她自己的陰蒂過長有毛病。好在王老師並不知道答案，她坦承自己不知道，但願意幫助美娟一起

來找出答案，解除焦慮。她對美娟的接納及溫暖的態度，讓美娟將心裡的害怕及被母親責罵的委屈，一古腦兒倒出來，情緒傾訴可以讓美娟心中壓力倒出一半。

醫學檢驗是必要的，醫生的話讓美娟安心，醫生的問話帶出自慰事件，而王老師能針對自慰行為引導學生認識自慰，灌輸性知識，啟發美娟思考，她開始能接受自己的自慰行為，也了解到正確觀念及預防的重要性了。

建議

1. 當子女詢問有關性及兩性關係方面的問題，父母就是不知道答案，也應先接納孩子們的問題，並給予嘉許，稱讚他（她）有勇氣提問。

2. 父母不可能什麼事都懂，尤其在性知識方面，可能都忘光了，就是知道也不知如何說，所以若是不知道則承認不知道，但要表示願意和孩子一起尋找答案，助其解惑。

3. 父母要抱著與子女一同學習的心態，充實性知識並有能力解說及討論，以陪伴孩子成長。

到底是誰的錯

二段對話摘要

林媽媽與輔導案主老師的談話

林：「王老師，辰洋這孩子生性懦弱，不擅言詞，小時畏縮又愛哭，常被我罵不像個男孩子，現在高三了，什麼事不學，居然把女孩子肚子搞大了，真是氣死我了，書都不知道讀到哪裡去了！」

王：「林太太，您請息怒，這孩子的行為令您失望，不過他自己陷在這樣的局面中也是很慌亂，小倆口子目前急需大人的支持與引導，才能收拾善後，繼續往前走。」

林：「哼，到時候還不是要靠老媽來善後，自己沒有資格過成年人的生活，就不要惹禍，這個作風有乃父遺傳。不過辰洋怎麼會有這個色膽呢？搞不好是女孩子先引誘他？唉，反正男人就是受不了色誘！」

王：「林太太，年輕人談戀愛通常比較衝動，辰洋對美明倒是很認真的，他一看到美明哭就不斷的安慰她，看起來還滿體貼、滿懂事的。辰洋想要向女方家長負荊請罪，但希望能先獲得您的諒解與支持！」

林：「事情都發生了，我除了罵他又能怎樣？只求他能經一事長一智，學會以後不能隨便碰女生！」

王：「林太太，孩子長大，您愈罵他就愈不敢告訴您事情真相，當然就不會分享心中感覺，您還是同理心先站在他的立場來體會他的心情，聽聽他的心聲吧！孩子在最心煩意亂時，心總會回到父母身邊的，因為他知道這是真愛。」

林：「既然老師這麼說，我就跟您配合，一起來幫助辰洋吧！」

辰洋與王老師的談話

洋：「老師，我媽是不是把我罵得狗血噴頭？」

王：「辰洋，你怎麼會這麼想呢？」

洋：「自小到大，我做什麼事都很難令她滿意。我曾坐在

馬桶上撒尿，她說我像女孩子；小學被同學打，我回家一直哭，她說我沒種，不會打回去。她要我參加籃球隊，我卻喜歡加入文藝社及國樂社，她就說我娘娘腔。」

王：「你的意思說你母親希望你長成她心目中男人典型？但是你的個性就不是這樣？」

洋：「對了，就是這個意思。尤其三年前我父親有外遇離家之後，她動不動就教訓我不可以學爸爸不負責任，我覺得她很可憐很寂寞，所以不想反抗她，隨她去罵，但我是絕對不敢與她溝通或多聊幾句，多說無益，但求相安無事。」

王：「所以你們母子關係並不親，雖然同住一屋簷下？」

洋：「可以說是，也可以說不是，媽媽生我養我，我應該孝順她，所以我盡量事事順從，功課雖然不是最好，也有中上，只是我心裡也寂寞痛苦，而美明也正好出身單親家庭，她們母女感情好得很，我很羨慕，常聽她訴說母女互動，也就逐漸喜歡上她，她真的對我很好，從來沒有罵過我。」

王：「沒想到你和母親既近且遠，她如果知道你心中所想的，以及對她的愛，她一定非常感動。昨天她並沒有罵你，只

是表達對你的失望及期望，她當然也希望你的人生能走得順暢，跌倒了可以再爬起來，因此她願意陪你一起面對美明與她母親，明天下午2點，我們五人在小會議室見面談談，你不要太擔心，做你該做的事即可。」

問題呈現

美明懷孕了，心裡嚇慌了，第一個求助的對象是母親，母親固然心疼，但她是個明理的現代女性，打電話給輔導老師要求雙方家長及小倆口一起見面商量。就在此時，辰洋「畏罪」向他所信任並喜歡的王老師「自首」，承認自己保險套用完沒再買，而美明又未堅持，所以就不幸中獎了。美明並沒有責怪他，但施行人工流產是要花錢的，他不敢向母親開口，生怕母親會趕他出家門，故而求助於王老師。

因此由懷孕問題又扯出了辰洋的母子關係問題，過去不良母子關係已經影響到目前辰洋戀情的發展，而未來母子關係的改善更會影響到辰洋的人生。

分析與輔導

辰洋母子以及美明母女與王老師聚集一堂，到底是在開會還是在做心理輔導？王老師強調，五個人是抱著相同目的而來，希望問題大事化小，雖然爲著辰洋及美明的前途著想，大家心裡都已有腹案了，但是人工流產只是一種不得已的危機處理，若不對當事人及相關當事人加以墮胎前及墮胎後諮商，他們可能以爲容易解決心頭大患，或者當事人身心會因爲未準備好或曾上手術台而受創，有可能影響到小倆口的感情，以及美明日後對生小孩有困難或產生心理障礙。

美明母親拗不過女兒的眼淚要求，不再反對他們來往，卻仍口口聲聲告訴她，兩人以後是不可能有結果的，只是她在態度上還是很尊重辰洋，把他當成小大人看待，辰洋因先入爲主對她的好印象，很禮貌的聆聽教訓，也很有分寸的對答並不斷的表達歉意悔意。

由於王老師曾與林媽媽說過幾次，她對兒子抱著半信半疑的態度，本著母愛的天性，決定要學著去親近辰洋，當她看到

辰洋稚氣的臉卻能說出相當理性及感性兼具的話語，才猛然發現自己似乎並不認識眼前這位年輕人，是過去自己看走了眼，還是辰洋長大後改變了？悔恨、心酸中帶著喜悅，林媽媽也低姿態向美明的母親道歉，過去對兒子的責難把他逼向提早的戀情，母子間連日常生活的分享都很少，更不要說男女情事的交談了，子不教母之過，說著說著，她悲從中來，放聲大哭起來。

其他人的注意力霎時轉向林媽媽，好言相勸不要哭，畢竟辰洋本質不錯，有家庭觀念，母子關係可以經由此事件而有轉機，未嘗不是一件好事，只是雙方都得付出時間與心力，逐步打開塵封已久的溝通管道，試著邀請對方進入自己的生活及心靈世界。

王老師解釋，懷孕一事其實是辰洋與美明疏忽所造成的，做愛與懷孕本身並不是罪或錯，錯在於沒有防範。小倆口子也不是第一次有性行為，卻因一次的偷懶而產生問題。以後他們不見得就不敢再有性行為，畢竟他們已有經驗，且仍認為彼此相愛，因此當務之急就是要他倆當著大家面前承諾一定注重防範措施。

王老師溫和的強調兩人還年輕，談戀愛是人際關係的學習，盡量往有建設性的方面去發展，例如互相支持、鼓勵、準備大學聯考，考上理想系所，以後也許不在同一學校或彼此想法因環境而改變，戀情也會降溫，雙方只要記住，彼此曾經如此的親近與相愛，在人生中的某一階段相偕打拚，是真實的感受，也會成為珍貴的回憶的。

結語

　　辰洋覺得母親變得與以前不同，他感覺到他被對待得像個男性的朋友角色，也很慶幸母親聽了王老師的話，沒有罵他也未阻止他繼續與美明交往，他熱淚盈眶的向媽媽說，「媽，對不起！我一定會考上自己愛讀的科系，而且我以後一定會備加小心了。」

　　母親的反應更令他驚喜，「孩子，過去媽太任性且濫用情緒，我早該知道你是個有特性的好男孩，讓我們重新開始吧！」

　　美明也在此時拉緊她母親的手，「媽媽，對不起！媽媽，我愛妳！」

媽媽挨過身來緊抱著她。

建議

1. 父母常會不自覺陷入傳統男女性別角色的窠臼中，罵兒子「像女人一樣」，或罵女兒「像個男人婆」。現代人的男女角色呈現兩性化，亦即剛柔並濟，甚至還有人發展成中性角色，父母要注意孩子的發展，與之討論，而不是用輕視或責罵來反建設他的心理，疏離親子關係。

2. 高中生談戀愛，陷入肌膚之親的機率甚大，親子關係密切，兩代間能談孩子感情疑惑及進展，則孩子性活動延後的機率較大。他們學習到為自己負責及願意等待，與父母對他們的談性說愛很有關係。

3. 問題發生了，除了謀求補救外，責罵不見得能遏止，反倒是接納及引導，安撫及分享，可以拉近親子間的距離，也讓父母與孩子同步成長。

4. 父母不要急於表達憤怒及失望的情緒，宜多表達溫暖、支持等正面情緒。

我的媽媽要出嫁

兒子的來電

乃貞正在辦公室思索一件企畫案，突然間手機響了，來電顯示的是兒子的手機號碼，世彥很少會自學校打電話給她，何況現在是上課時間，她心頭一驚，難不成兒子發生什麼事？於是急急忙忙接起電話。

「媽，妳今天幾點才能到家？」兒子壓低嗓門問。

「跟平常差不多吧！有什麼事？」

「媽妳今天可不可以稍微早點下班，順道買些滷菜回來，我請姍姍到我們家來吃晚飯。」兒子的聲音有點急促。

「吃晚飯？今天又不是周末，你不是要做功課嗎？」

「媽，拜託妳答應我。姍姍她媽下個月要結婚，要她當伴娘。姍姍很生氣，說要離家出走，所以我請她到我們家跟妳談談，我不能多說了，要回教室上課了，等一下見！」

原來是姍姍想蹺家。這個孩子長得清秀乖巧但多愁善感，是世彥同班同學，小六時父母離婚，她跟媽媽住，自國中時就常因媽媽帶男友回家，覺得自己的天地被侵犯了而抗議，媽媽

說各人可以有各人的社交自由與生活，說她年紀小，只要把書念好就可以了，當她幾次周末去爸爸家作客時，因覺得與爸爸同居的阿姨很虛假，被爸爸斥責不懂事，她就再也不肯跟他見面了。

由於世彥也算是單親家庭的孩子，他主動關心姍姍，加上兩人都對英文很有興趣，是高一班上英文程度較佳者，經常一起互通有無，還參加學校的英文演講比賽，有時姍姍會在周末過來世彥家做功課，並和世彥母子一起包餃子做蔥油餅享用晚餐。姍姍似乎很喜歡世彥的家庭氣氛，當她暫時融入他們母子的生活中，身邊的愁苦就被拋到腦後去了。

呈現問題

姍姍被母親告知婚禮日期並被邀請當伴娘，她所不期望的事情發生了，有如當頭一棒，沒有喜悅，只有憤怒與失落，她本能的反應當然是抗拒；由於個性使然，她以消極的逃避方式來因應，以為離家出走眼不見為淨，可以讓心裡稍微平靜，並沒有想到她若這樣做，會急壞多少關心她的人，也是間接在破

壞母親的婚禮。乃貞覺得兒子很聰明，將姍姍帶回家來吃晚飯，就是希望母子能協助她處理這個潛在的危機。

姍姍的母親在男女關係的需求上非常強烈，離婚四年來，她經常帶不同的男友回家，姍姍已經厭煩了去認識不同的「叔叔」，學習與之相處，而後來這些叔叔都不再上門。但長久以來她也習慣了母親的生活方式，學習到如何與她和平相處，母親總認為姍姍年紀還小，不懂也不需要懂男女情事，所以除了這些事以外，媽媽倒是很關心姍姍在學校的生活以及零用錢是否夠用，因此母女間可以說是有話說，但許多觀念，尤其性事、情事方面，則從未溝通過。婚禮事件導致逃家念頭其實只是導火線，冰凍三尺的是母女關係互動之不良與不足，高一的女孩也是小大人了，親子關係的重新建立也是當務之急。

分析與輔導

乃貞買了可口的五種滷菜及Haagen Dazs冰淇淋，加上家中原有的青菜及蓮藕排骨湯，三個人談笑用餐。姍姍與世彥共同收拾餐具洗碗盤之後，乃貞邀請他們坐在沙發上聊天。當聽完

了姍姍訴說對媽媽的不滿之後，乃貞很耐心的引導她思考及回顧媽媽對她的愛。

「我媽對我是還不錯啦，不過我覺得她不是個好女人。」這是姍姍的觀點。

「是因為她交過不少男朋友？」

「是啊，還帶回家關起門來。我最不喜歡的就是在早上醒來看到他們在餐桌上吃早餐，好像我是外來的加入者。」

「是的，早上起來還未穿戴整齊，妳很不想見到陌生人，而他卻是媽媽的男友。」乃貞試圖同理姍姍。

「我真是不懂，她為什麼不好好交個男朋友，只要我一開口，她就說我小孩子不懂事。」

「妳媽可能是用心良苦，想要保護妳，不想讓妳太早被『汙染』，其實高中女生已經開始可以了解成人的性事了，青春期過後，青少年也逐漸感覺到自己的性欲及對愛情的憧憬，她太專注於自己的需求以至於沒有注意到女兒長大了。我知道妳並不反對媽媽交男友，只是不希望她一直換伴，妳親眼見到卻又不能給意見，對不對？」乃貞說中姍姍的心。

「對呀，我也不喜歡別人知道我媽有很多男朋友啊！」

「妳媽其實是個好女人，只是她選男朋友的標準可能不是很確定，男人對她有興趣，她就急著交往，沒多久就發現不合適，也就很快分手，一直在尋尋覓覓，當然也從經驗中學到教訓，這幾年也苦了她了。現在她終於找到一個可以共度後半生的伴侶，妳應該為她高興才對啊！」

「是嗎？那她有沒有為我著想呢？」珊珊不平。

「孩子，這個男人對妳好不好？」

「張叔叔是對我還不錯，但我不想當電燈泡。」

「媽媽就是希望能有一個完整的家庭，她和張叔叔一起來疼妳，她才選擇再婚啊！他會本著愛屋及烏的心理來愛妳，妳不妨給他一個機會，試著建立父女關係，其實妳也可以給親爸爸及阿姨一個機會啊，總要試過才能知道有無可能建立親子關係，不論是親情或愛情，人都得經過交往與互動之後才能流露真情，呈現本性，也就是認識更深之後才知道是否合得來。」

「李媽媽，為什麼我媽從來不會這樣子跟我說話呢？您說的話我都懂，而且聽得進去啊！」

「孩子，有些人不善表達想法或感覺，並不表示她沒有感情，妳媽未曾試過將她內心世界與妳分享，而妳也是有許多想法都放在心裡，如果不是世彥一年來的友誼，妳也不會向他訴說心事，對不對？只要有好的引導及信任之心，人是可以學習表達感受及期待，進而與對方溝通的。」乃貞滔滔不絕的說。

「可是她要結婚也不跟我商量一下，她真的視我為家中一分子？」

「這的確是妳媽的疏忽，在她定婚期之前，她實在應該先聽聽妳的意見，她還是把妳看成不懂事的孩子。不過，她邀請妳做伴娘，陪著她走向紅毯的另一端，也就表示她很重視妳，希望妳能參與她的重要時刻，她是非常以妳為榮的。」

「是嗎？我真希望她能告訴我這些。」姍姍心情逐漸撥雲見日。

「姍姍，請給媽媽一些時間，她可以學習的，而妳則可以先向她表達妳的想法及感受，讓她知道女兒其實不小了。這樣好

了，今天晚上妳就住在我們家，明天吃過早餐後我們送妳回家，不過妳要自己打電話告訴媽媽妳要外宿，不妨先恭喜她的婚禮，並且說很高興當她的伴娘，她絕對會感到驚喜的，然後我再跟她講電話，好不好？」

結語

姍姍在乃貞的引導之下，不再以二元論來斷定母親，深入了解母親在親密關係方面的需求，也對母親過去對她的態度逐漸釋懷，重新看到母親的許多優點，她願意試著敞開胸懷接受母親的丈夫並融入他們的生活中。

當乃貞告訴姍姍的母親，她女兒的轉變，以及姍姍是多麼渴望母親凡事分享與親子密切的互動，母親覺得很慚愧，原來女兒不是喜歡鬧情緒，她只是多愁善感，女兒原來跟自己一樣，渴望親密關係，目前對姍姍而言，就是親子互動，母親難過得忍不住在電話的那一頭哭起來。

建議

1. 單親家庭的青少年對感情方面會有疑惑及不確定感，父或母對待他們應以小大人及朋友的關係溝通互動，談談一般的原則以及自身對離婚的不得已及感受，並引導正確的性愛感情婚姻觀。

2. 永遠不要以為孩子還小，不懂男女性事，讓孩子了解人有親密關係的需求是很重要的，且先有愛情而後情欲滋長，適時給予機會教育。

3. 父或母在未確定感情可以繼續發展之前，最好不要將異性朋友帶回家過夜，孩子會有被疏忽、被關在房門外的嚴重失落感，而且讓孩子看到或聽到性愛活動會造成他們的偏差性觀念。

4. 父或母應該讓孩子參與他（她）的社交，而他（她）也可以有時參加孩子們的社交活動。

斷絕往來

欣宜的害怕

「老師，對不起，我是欣宜的朋友，想要找您幫忙。」一個陌生的面孔出現在林老師的面前。她對這個學生沒什麼印象，而欣宜是她從前國中輔導課的學生，直升高中部後就比較少交談，僅有在走廊遇見時打個招呼。

「這位同學，你看起來很急，老師能幫你什麼忙呢？」

「老師，很緊急的事，欣宜躲在圖書館哭泣，說她不想活了，因為……因為……」男生四處張望，怕人聽到。

「來，我們先去找她，一邊走一邊講。」林老師拉著他就走。

原來俊男是欣宜男友，交往半年就偷嘗禁果，沒想到要避孕，月經遲了三個星期，非常著急，俊男答應籌錢帶她去給醫生診斷，若懷孕則當場速戰速決，這兩天欣宜已嚇得成歇斯底

里狀態，當她聽說俊男只借到兩千元時，她感到自己死定了，若墮胎不成變成笑柄，怎麼活得下去？搞不好就被父親亂棒打死，母親生性怕父親，是絕不會救她的。

俊男一直向林老師表示對欣宜的歉意，他們不懂事，所以懷孕，他向同學借錢，大家都一樣窮，聽說墮胎要七、八千元，他真害怕欣宜會做出傻事，欣宜不能向父母求助，而他自己更不敢讓父母知道，因曾在欣宜口中聽到林老師是很溫和且接納的輔導老師，所以硬著頭皮來求救。

「我很高興你能來找我。你告訴老師，你認為欣宜是否將此事告訴她母親？」

「我有勸過她，但她怕媽媽會告訴爸爸，她一輩子就見不到我了。」

「那你覺得你是否該跟自己的父母談談此事？」

「我有想過，他們可以在經濟上支援我，但後果不堪設想！」

呈現問題

欣宜的歇斯底里狀態是個緊急事件，她因擔心絕望而情緒崩潰，此時林老師適時而恰當的安撫是很重要的，強調老師願意幫助她，陪伴她面對困難直至度過難關。

只有先將欣宜的情緒安撫下來，她因有了支持陪伴而稍微平心靜氣後，才能面對另一個緊急事件——懷孕問題，而在同時，如何讓孩子們了解，讓父母知道並參與事情處理，並且沒有他們想像得那樣可怕，這也是林老師必須承接的大挑戰。

老師果然將欣宜勸離圖書館，帶回個別諮商室，傾訴她心中的害怕，並教導她去西藥房買驗孕測紙，說好了如果懷孕，她得讓老師作橋梁與母親溝通，陪她去檢查，老師可以保證絕不讓她父親知道。俊男也一再保證，若欣宜母親因憤怒而不管，他就一定回家求援。

老師費了許多脣舌，欣宜及俊男終於了解父母的打罵也是一時生氣，但他們的愛是長久的，孩子有困難，父母雖然在生氣也是會盡全力幫忙處理的，如果因為太害怕而不敢求助，自

己在外偷偷處理，父母會由憤怒轉傷心，他們也會受傷的。

分析與輔導

驗孕結果並不樂觀，欣宜真的懷孕了，一邊說一邊哭，情緒再度崩潰，俊男緊握她的手，安慰她林老師會幫忙的。然而欣宜母親衝進晤談室的第一句話居然是，「妳竟然做出這樣的事情來，給妳爸知道了，非打斷妳的狗腿不可！」欣宜聽了立刻要奪門而出，林老師示意俊男阻止她，並轉身向母親說：

「陳太太，我們可以不讓她父親知道啊！您看這兩個孩子已經在為自己的行為付出代價了，這幾天來的擔心焦慮懷孕，也很愧對父母，所以不想牽連你們，但是他們畢竟未成年，還是需要大人的教導及保護，所以先來找我談，而欣宜決定將事實向您告知，並請求協助，俊男也知道自己不該這樣，且由於無法湊足款項而感到非常著急。」

「早知道就不要亂來，哼！欣宜，妳要媽不告訴爸爸可以，但是妳要保證與俊男斷絕來往，否則我怎麼跟妳爸交代？」媽媽衝著女兒來。

「我不要！妳叫爸爸把我打死好了！」欣宜豁出去了，化悲戚爲憤怒。

「陳太太，我們現在是針對欣宜的懷孕事件來商量，至於他倆的關係、您的夫妻關係，以及您家親子關係都是其次的問題。他們的決定是要去醫院，希望有母親陪同，不知道您的意思怎麼樣？」

「看樣子也只有這樣囉，我帶欣宜去找我認識的醫師！」

「伯母，我可以陪同一起去嗎？」俊男囁嚅的問。

「陳太太，俊男一起去，欣宜會覺得更踏實，可以嗎？」林老師求情。

「好吧！明天再聯絡。來，欣宜，我們先回家休息。」母親畢竟是母親，攬著女兒到懷裡，一起走出學校。

後來母親又應林老師之邀到輔導室談了兩小時，主題是有關俊男與欣宜的關係。林老師分析，父母當然不鼓勵子女太早發展男女感情，但也不宜強迫他們斷絕來往，可能是父親太嚴厲，家庭氣氛僵冷，而母親又事事依父親的意思，欣宜碰到俊男這個溫和的男性角色，覺得很自在及被疼愛，心理上有了歸

屬感後，身體就跟著親近而有了性行為，目前他們正是熱戀的時候，硬將他們拆散，欣宜可能會痛恨父母，如果心情受影響，次年的大學聯考準備也會有阻礙，如果她自此封閉心扉，或者自暴自棄，亂交男友呢？

因此還不如先接納他們，攻心為上，經常與欣宜作母女溝通，讓她感到經過此一事件後，母親不但沒有經常指責她或向父親告狀，反而對她真誠關心與信任，感動之餘，她會主動的接近母親，分享心事。

結語

欣宜母親說她不敢也不知怎麼教導欣宜避孕，為了避免尷尬，她全權委託林老師去跟兩個孩子談，並一直交代，最好盡量少做，林老師笑著說，「有關這一點，還是妳自己跟她們說吧！」

總之，俊男與欣宜在了解各種避孕方式後，承諾以後若有行動，必使用保險套，然而他們也承認，以前也不常做，只是偶爾為之而已，畢竟還是有些怕怕，結果害怕的事情還是發生

了，好在已有妥善處理及良好結果。

建議

1. 當孩子闖了禍，千萬不要劈頭就罵，或數落得很難聽，他（她）其實心裡很害怕，也知道自己錯了，但是父母指責的言行激起他（她）們的叛逆及侵略性、防衛及反抗心，完全沒有教育效果。

2. 盡量避免讓青少年自行籌款去墮胎，即使這是當時唯一的可行之道，最好是由父母帶領，才有機會給予關懷與教育。

3. 父母不要害怕跟孩子談論各種避孕方式及其利弊。預防勝於治療，多說有益，而事後防範則更重要，以免事情重複發生。

4. 雖說父母要一起來教導孩子，但碰上保守的父母，像欣宜的父親，就有可能壞事，所以有時善意的隱瞞而由欣宜的母親出面，是權宜之計。

男人壞還是女人壞？

家長們的討論

　　某國中的父母成長班每隔一周的周六上午在會議室舉行座談會，了解有關性別角色、親子關係、孩子個性形成及心理健康，還有性教育等議題，每次都有許多家長踴躍參加，爭相發言，學習動機高，也很有心得。

　　今天主題是「父母觀念對孩子的影響」，在心理學家杜教授的引言之後，主持人請各小組輪流發言，摘錄如下：

　　「有些父母嫌貧愛富，自小灌輸子女有錢最重要，讀書是為了獲得好工作及高薪，因此孩子長大後唯錢是問，一樣勢利。」

　　「養兒防老，所以孩子們要努力工作賺錢，不可以讓他們失望且晚年無依，這會造成孩子很大的壓力，後來也會使得原生家庭及小家庭之間產生怨隙。」

　　「孩子就讀台大，或醫學院，才是有出息的人，光耀門楣。就是這種觀念讓孩子內心掙扎，或產生自卑感，若是順從父母，自己心裡其實不快樂。」

　　「本著男大當婚、女大當嫁的觀念，父母急著抱孫子，偏偏

女兒不結婚，兒子不想生小孩，結果女兒被迫結婚，以離婚收場，而兒子搬出去住以圖耳根清淨。」

「父母的婚姻健全與否，也就是兩人是否很融洽，有化解衝突的能力，肯經常溝通，孩子的性愛、感情、婚姻觀念會因為父母的正向觀念而正確、健康。」

接下來到了經驗分享的時間，王太太站到講台前開始敘述。

問題呈現

不要相信男人

「因為父親有外遇，不常在家，母親寄託於宗教，矢志做傳道人，自小就告訴我不要相信男人。到了我讀高中時，再三告誡我要淨身，不可以讓男人碰觸我的身體，因為男人沒有一個是好東西，所以長大後最好去當傳道人，玉潔冰清且不會受到傷害，我聽了半信半疑。

大一時班上的僑生李得長得又高又帥，每天接送我回家，不是買玫瑰就是自己製卡片，充滿了情意，受不了他的柔情攻

勢及甜言蜜語，我們瘋狂的戀愛了，為了他，我不知向母親撒過多少次謊，說去同學家趕報告就留下來過夜，其實都在他宿舍繾綣纏綿。

這樣的日子持續了一年多，因母親開刀住院，我天天在課後去醫院照顧，只能一星期與李得見一次面。第六個禮拜，當母親在家已能自己下來行走時，我飛奔去李得住處想給他一個驚喜，他居然不肯讓我進門，原來他床上躺著的是系上學姊。

「不要相信男人」，母親這魔咒居然應驗了，男人果真不是好東西，我傷心欲絕，也感到慚愧萬分，當時為什麼不相信媽媽的話，而讓這個男人來傷害我呢？於是我辦了休學，離開了學校，跟著母親四處傳道，看起來自由灑脫，其實我的心只是被禁錮在母親的魔咒中，我還是很憂鬱痛苦，直到33歲那年，我在圖書館看書時遇到了在郵局上班的宋品，他的不慍不火的談吐及客觀的態度讓我看到真誠、優雅及斯文，原來這世界上真有好男人。

男人壞還是女人壞？

所以現在我們都很小心的教養孩子，絕不將偏差的觀念加諸於他們，它們的影響絕不只是一時的，它啃蝕了我的前半生。宋品真的是我的英雄，將我自偏執的恐懼與痛恨中解救出來。

不要相信女人

　　羅先生也跟著分享他慘痛的經驗：

　　「我母親年輕時跟著一位有妻室的老富商，獲得了一棟房子及不少珠寶、現款，富商過世後，她與我父親結婚，生下我及弟弟後，因個性不合而離婚，爭得了大筆贍養費。二年後，又跟一位喪偶的王伯伯同居，要求他將一棟透天厝過戶到她名下。她讓我們孩子過著富裕舒服的生活，還送我和弟弟去澳洲讀高中，其實是個很好的母親。」

　　只是自小到大，母親總是耳提面命「不要相信女人」，因為女人找男人都是有目的的，她們要靠男人生活。她要我們兄弟固守荷包，除了約會的小錢外，千萬不要給女人一分錢，她們都是狼豺虎豹，會把男人啃得只剩骨頭。

大學時代交過幾個女朋友，每一個都有親密關係，卻維持不到一年，每次都是我先劈腿愛上別人，然後原來的女朋友就哭哭啼啼的離開。就業後，先後與兩位女友同居，她們都因發現我有第三者而憤怒的搬出我住處。

32歲時我已換過不知多少女朋友，而我從來也不打算結婚，直到有一天被最後一位女友罵醒了，「你這個人根本無法與任何女人建立長遠的親密關係，基本上，你就是害怕與人在心靈上太親密。」當頭一棒令我覺得很悲哀，也很害怕，就去找心理諮商專家晤談了六次，才發現我是個既需要女人又不信

男人壞還是女人壞？

任女人的男人。

當女人與我進入性關係，感情穩定之後，她們會開始想要婚姻，而我一方面享受親密關係，一方面又擔心女人是要虜我的心騙我的錢，為了怕被傷害，總是先下手為強，找到新的女朋友而讓前任女友離去。過去一直都自以為懂得保護自己，後來才知道不僅傷害到無數女孩，也欺騙了自己。

分析與輔導

杜教授感動於兩人的真實分享與誠摯心聲，並恭賀其成長與新生。他強調王太太與羅先生只是在敘述各自的成長背景與生活經驗，無不是在指責母親，其實母親自己也是受害者，她的日子一直都過得不真誠、不快樂。

王太太的母親渴望夫妻之愛卻不可得，將感情寄託於宗教，將希望建築在女兒的未來，她的動機在於愛女心切，目的在於保護女兒，萬萬沒想到她個人對於丈夫的評語，「不要相信男人」，有如符咒般的緊烙在王太太少女心中，一旦戀情變色，她不斷的自責，悔恨未遵母命，不重視宗教，才會遭天

讀，從此也認定男人不是好東西，只有藉傳道才能贖罪及逃避邪魔。

逐漸的，她看清母親其實很愛丈夫，她只是使用反向作用及壓抑作用在欺騙自己，但死不承認也無自覺。她發現母親並沒有因母女一起傳道而變得快樂些，但是女兒在身邊至少有安全感；只是女兒已經了解她要的不是宗教，而是入世的生活，一個男人與女人能夠互相信任和平相處的生活，所以當她遇見宋品時，不顧母親的反對，毅然與他結婚，婚後兩人孝心侍奉母親，用心教導孩子。

而羅先生的母親也不是壞心，她自己是靠男人的財富而生活，以為天底下女人都跟她一樣，生活保障為首要，她不知道時代在變遷，女性也有謀生能力，而現在家庭都是雙薪家庭，她只擔心兒子長大後傻呼呼的被女人削錢，所以提供親身經驗來給兒子人生座右銘「不要相信女人」，兒子雖然似懂非懂，卻因天

天被洗腦，已經深植於潛意識中了。成年後經常跳出來干擾羅先生的思緒，影響到他與女友的感情關係的維持。

　　羅先生隨著年齡的增長，也有穩定親密關係的需求，但他的表現老是令女友心碎，有人黯然離去，有人心有不甘臭罵他，罵多了居然將他罵醒了。他能求助於諮商心理師，有勇氣面對自己的過去，重新整理生活，是邁向成熟的一大步，他已逐漸走出母親魔咒的陰影，活出自己。

結語

　　整個父母成長班鴉雀無聲，沒想到母親的偏見加諸於小孩身上，竟有無遠弗屆的影響力，超越時空幾十年。大家紛紛緊張起來，自己到底有沒有對孩子說過偏頗的話，而從現在開始更要小心翼翼，以免說錯話，影響孩子一生。

建議

1.孩子小時候毫無辨識能力，白紙一張，父母教什麼，他全聽進去了。成長時期對於違背父母的訓語會有罪惡感，很掙

扎，通常會盡量成為父母期待的孩子，而不是作真正的自己，因此父母得學習並互相討論，要教什麼給孩子。

2.父母可以與孩子分享自己正向及負向的人生經驗，尤其是感覺部分，但不宜強將自己的負面觀念及偏激想法加諸在孩子身上，特別是感情性愛觀或將性別角色刻板化。

男人壞還是女人壞？

趕時髦的女兒

鄰居的描述

王太太在郵局門口碰見對門的李太太，對她似乎欲言又止，王太太忍不住問她到底是怎麼回事。

「真不知道是說好還是不說好，是有關婷婷的事。」李太太有點不好意思。

「婷婷是不是闖禍了，請告訴我。」王太太有點焦急。

「沒有啦，我看她還滿有禮貌的，在超市碰到我也會叫李媽媽，只是——只是她穿的低腰牛仔褲實在太低了，當她彎下腰去拿下層的食品時，股溝及股肉幾乎一覽無遺，她身後的一個中年男子及兩個青少年眼珠都快掉出來了。妳有沒有說過她啊？」

「哎唷，我就知道婷婷在外面丟人現眼，上次買那一件低腰褲回來就被我罵了一頓，她答應我在T恤外面加穿一件薄外套，沒想到這丫頭一出家門就忘了承諾，這孩子真是愛趕時髦太虛榮了。」王太太愈說愈氣。

「王太太別激動，我家佩秋也是一樣，別看她們那一群上學時穿校服清純少女，周日相約出去看電影穿著打扮可是火辣清涼呢。那天她穿一件低胸的洋裝從外面回來被她爸爸罵不檢

點，她哭著說同學們不也都這樣。唉呀，真是女大不中留，才高二就這麼難管，以後有了男友大概就不要父母了。」

「李太太，家家有本難念的經，妳就多勸勸你們家佩秋吧，我也得好好管教婷婷了。」

王太太一回到家聽見婷婷在跟同學講電話，一邊笑一邊講，絲毫未注意到媽媽在身後。

「胸部上刺青會不會痛啊？妳想要刺誰的名字上去？……什麼，喬許哈奈特，好酷，不過以後妳朋友會嫉妒死的……。妳說我啊？我想將修傑克曼的英文名字刺青在股溝旁，再加上一朵玫瑰……，我不怕，痛就痛嘛，趕流行啊！咯咯咯！」

媽媽聽了差點沒昏過去，高二女生不談論功課，毫無升學意識，居然要將不相干的外國影星的名字刺在胸部及股溝邊，她實在是氣得不知道要說什麼好，此時她若說話，一定又是破口大罵，然後婷婷不是頂嘴就是哭泣，母女又兩、三天不講話，丈夫又會怪自己不會教小孩。因此倒不如不動聲色，這兩天好好思考如何與女兒溝通。

愈想愈煩，整夜沒睡好，第二天早晨突然想到上次家長座

談會時，校長曾提家長若有任何親子問題都歡迎到輔導室找專任輔導老師談談，所以吃過早餐後就衝到學校去了。

呈現問題

王太太很謙卑的向朱老師表示自己沒把孩子教好，實在不知道什麼地方做錯了，孩子在國中時還很乖，高一高二後開始言詞頂撞，以哭泣或無言來做消極反抗，她很擔心自己不是好媽媽，更害怕婷婷變壞。

王太太不斷的請教朱老師，有何良方可以讓孩子不刺青在身上，不穿低腰牛仔褲，讓她成為正經的少女。

當然王太太一直很希望能母女連心有話聊，手挽著手一起去傳統市場買菜，或者是頭靠頭在床上聊天，這是她的母女夢。

分析與輔導

朱老師說父母陪孩子一路長大，本來就無法預料孩子會發生什麼事，親子之間的關係會如何轉變，以婷婷為例，她在國中時，只專注於功課及班上同學之互動，上了高中以後對於外

界的事物，尤其是流行資訊，開始注意並受到吸引，加上同儕也都是愛打扮趕時髦，她的心就傾向於裝扮自己以吸引別人的眼光。其實她內心也是有衝突的，她知道父母是期望子女用功，不會贊同青少年奇裝異服，她也擔心別人會以為她是壞女孩，但是有同儕壓力，加上自己也是很愛美，還是忍不住跟著流行轉。

就是因為婷婷心中有壓力，她才會以防衛心態來應對母親的責難。比較可喜的是，她是到了高中才開始叛逆，父母若以小大人的態度，順著其觀點慢慢的溝通，她會聽得進去的，因為高中生的理解畢竟比國中生高，而孩子們在未進入大學前，身心對父母及家裡還是有很大的依附的，因此父母即使再不滿孩子的言行，千萬不要用責罵來教導，除了發洩了自己的怒氣外，並不能收到教育之效，反而變得感情疏離。

朱老師勸告王太太不要給自己太多壓力，管教孩子是要父母同心，孩子正值反抗期，言行容易有挑釁味，王太太已經能預知責罵後的反應，就該將此經驗與先生分享，兩人腦力激盪，一起想出對策來教育婷婷。王太太能夠到輔導室來求救，

就是真正關心孩子的好母親，有了第一步的準備行動後，第二步當然就是說服先生一起來引導孩子，然後才是展開親子互動的行動。

王太太忍不住抱怨流行害人，她說1960年代起女人開始露大腿，到了1990年代，耳環穿在肚臍眼上，現在21世紀居然是刺青刺在股溝旁，走到信義區華納威秀附近，年輕女孩不是露乳溝就是秀股溝，她懷疑是不是露出愈多身體部分就愈時髦。朱老師也是無可奈何的搖頭苦笑，家庭教育很難擋得住社會風氣，不過只要讓孩子安然度過高中時期，能夠進入大學就讀，大學次文化會讓學生自外表的專注轉移至內涵的增加，那時候這些孩子看到以前的自己，就了解當初別人是如何看她們的，也就是說，她們至少會有「後知後覺」的。

婷婷本質上是個好女孩，她穿低腰褲想刺青，主要是在同儕中獲得認同，並藉吸引他人的眼光來增加自信心，這是一般青少年的表現，父母擋也擋不住；與其禁止造成陽奉陰違的現象不如平靜的接納，稱讚她穿起來合身，年輕人腰身稍露是有健康及青春氣息，不過要注意彎腰蹲下時後面會有春光外洩之

餘。身體部分露太多，或者露出不該露的地方，其實是不夠端莊且不禮貌，別人看在眼裡不說而已，萬一不小心露出股溝，自己沒看到，反倒被別人看光光，不是很糗嗎？

青少年通常是以自我爲中心的，她當然有自尊心，喜歡聽好聽的話，害怕出糗失面子，因此好言相勸，多聽聽她的想法，順著她的說法，站在她的角度來看她的作爲，能稱讚的部分一定不可以省，而該注意的部分則要有技巧的提醒，例如刺青本是一種民間藝術，刺青的作品可以只是刻字或者鬼斧神工非常藝術，它的問題在於刺青時非常痛，且永遠存在，萬一不得已要洗掉時，漂白過程既痛苦費時又花錢，苦不堪言，而胸部及臀部的皮膚都很纖細，刺起來可是非常痛的。孩子們年輕，喜惡常改變，不論是偶像姓名或圖案刺青，一旦刺青了就難以去除，還不如使用刺青貼紙，易貼易洗，又可以經常變換圖案，不是更時髦更有創意嗎？

結語

王太太覺得朱老師的話很有道理，引發她另類思考。她回

家後一方面主動與女兒溝通，提到她穿低腰褲的健康活潑氣息，也附和刺青是流行的表徵，希望能與婷婷一起切磋。婷婷對於母親的開竅及轉變非常驚訝，很高興的如數家珍與母親分享她的流行觀。而另一方面王太太開始教化丈夫，邀請丈夫一起進入相差二十年的青少年世界，多觀察、多閱讀、多了解、多溝通，兩老才不會與新世代脫節，親子互動才能良好進行。

建議

1. 只會讀書的孩子長大後不一定能適應社會，因此功課與生活並重才是教育的目標。孩子在生活中找到自己的興趣，是寄託、是休閒，也是潛能。趕時髦是青少年的興趣，也許她未來的工作就是社會時尚的一部分，不應加以責備或抹殺，最好能與她一起探討。

2. 家務雜事可以分工合作，家庭教育則無法分層負責，父母一定要一起來面對孩子的叛逆或軟弱，讓孩子感受到雙重的關心及巨大的支持。

兒子長大了

媽媽的抱怨

爸爸剛自台北出差回來，到家已經九點多了，嚷著肚子餓，而媽媽正在控制體重，絕不碰三餐以外的東西，正好高三的兒子也喊餓，父子決定騎車前往夜市吃鱔魚意麵及餛飩湯。填飽了胃之後又喝果汁，兩人心滿意足地騎回家，兒子台生騎車，爸爸坐在後面。

「台生，你平常騎車都是這樣的速度？」

「爸，你放心，我騎得又慢又小心，班上三個同學都是騎車出車禍，有一個腿上打石膏，三個月不能跑，我可不想受那種罪。」

「這就對了，安全第一。你媽坐過幾次你的車，也說你很沉穩，我們就比較放心了。不過你媽曾經跟我抱怨，說你最近都不肯載她去買東西，寧可要她給你購物清單，自己騎車去買。」

「這樣她就不會太累嘛！」台生很快回答。

「你能孝順媽，真的不錯，不過你也知道，你媽喜歡享受買東西的樂趣，而且有些東西她要自己挑選，比如超市的水果及肉類等。」

台生沒有作聲。到了家樓下後，台生在找停車位，將機車停妥，爸爸正要將鑰匙插進去公寓大樓大門時，台生忽然止步，用一種無奈帶著乞求的口吻說道：

「爸，以後媽要練習土風舞，你陪她跳好不好？」

「怎麼了，你不是學校土風舞社的副社長嗎？媽媽就是希望能跟你學習啊！」爸爸覺得驚訝且不解。

「我不想嘛！你們兩個一起學舞當然要一起練舞，才能搭配得好呀！」

「說得也有道理，不過你偶爾陪媽媽跳舞又會怎麼樣？」

爸爸看兒子不想回應也就沒有繼續說話。開了門進到家後，因為時已晚，各人進入自己房間休息。爸爸躺在床上問媽媽：「當台生騎車載妳時，妳有沒有對他說些什麼批評的話，或者平常妳有沒有對他說些與騎車有關的話？」

「沒有啊，我稱讚他眼觀八方，注意交通且騎車沉穩啊！」

「奇怪，那這個孩子爲什麼不肯載妳而要載我呢？」

「我想起來了，我坐在車上時緊抱著他，他不止一次說『往後坐點，往後坐點』，一碰到紅綠燈他一停車，我整個人就貼在他背後啊，又不是我故意的。」

「喔，原來是這樣。」爸爸腦中突然閃過一道白光，彷彿見到了解答。

「妳常找他練習土風舞，身體也是跟他貼得很近，對不對？」

「跳舞本來就會身體碰來碰去的，又是自己的兒子，有什麼關係？」媽媽不以爲意的說。

「當然有關係啊，妳兒子是個正值異性敏感期的青少年啊！」爸爸覺得自己很了解兒子。

「怪不得有一次我在他房間吸塵打掃，他請我暫時出去，說要換衣服，我就說媽媽在工作，不看就是了，他就走出房間到浴室去換衣服了，這小子眞太彆扭了。」媽媽恍然大悟。

「太太，妳兒子長大了，不再是小孩了！」

「哦？」媽媽心中複雜。

問題呈現

台生感覺到許多時候，他與媽媽在身體上的距離近了，明知是親情，卻覺得不自在，卻不知如何說出口，只好採取消極的逃避方式，引起媽媽私底下向爸爸抱怨。正好有機會與爸爸聊天，既然爸爸無意間帶出話題，台生模糊的表達了他不想與媽媽有近距離接觸的意願，才帶出了夫妻間的討論。

問題到底是出在誰身上呢？父母該如何協助台生去面對這個煩惱，而父母本身又該怎麼做呢？

分析與輔導

台生國中時雖已發育，但他專注於功課及其同學互動，除了生理的發展外，他的內心並未有太多的變化，仍然稚氣未脫。直到上了公立高中後，功課穩定，生活圈拓展至班上以外，參加

兒子長大了

作文比賽，也參加土風舞社，高二時還獲得生平第一輛摩托車為生日禮物。

　　由於常於課後留校練習土風舞，指導老師要求他和高一的盈盈搭檔示範舞姿動作給其他社員看，台生儼然是土風舞助教，經常要改正社員們的動作，在與女生身體或手臂接觸時，他開始覺察自己的身體居然會有微妙的變化，如血液流動加速、臉部發熱等，好在沒多久就過去了，他也就沒在意。

　　然而自從有摩托車後，媽媽很喜歡要台生載她去附近社區圖書館看書或者找他一起去超市買菜及日用品。他以前也是經常陪母親走路過去，現在母親坐在後座，豐滿的胸部軟軟的壓在他的背部，好奇妙的感覺，每次都在享受一秒鐘之後就產生不自在的感覺，甚至有厭惡感。

　　而媽媽偏偏喜歡找台生當舞伴來練習舞步，她總說台生身子敏捷步伐輕快，比跟他爸爸搭配更能收學習之效。本來台生也很得意自己的舞藝被肯定，只是媽媽有時上身貼近他的前胸，臉頰碰擦到他的下巴，他突然覺得自己摟的是一個小女生，也是很微妙的感覺，但是幾秒鐘後他突然意識到自己的幻

想，擔心自己的心理是否有問題。

因爲這樣的情形所帶來的感覺已經不是第一次了，台生開始逃避與媽媽有這類的接觸，他並不知道這就是佛洛依德所指的「戀母情結」心理，男孩當然是對母親有依戀，但青春期之後這些就會自然轉向自己心儀的少女。台生已是個小大人，對男女之事似懂非懂，但已有模糊的憧憬，對異性已開始接觸也逐漸產生興趣，當他因跳舞而與女生有身體上的碰觸時，很自然的有一股熱流傳遍身體，他只覺得奇怪，心裡並不會不舒服，但當被媽媽無意的、理所當然的接觸到時，他就是因爲有類似的感覺而深覺得罪惡與不當，本能的想要逃避，內心確有不安的煎熬感。

他年紀還小，不懂得找人談，將感覺說出來，心裡才能清淨好過些，才能學習如何去處理自己的煩惱，也就是說去面對母親，好在他找到機會向父親透露部分心聲，引起父親的關切，在與妻子對話之後，拼湊事實與想法，還去查

過心理學的書，才了解台生近來的心態與反應。

爸爸花了兩個晚上與媽媽詳談，讓她了解孩子的疑慮與擔心，並非他主動去碰觸媽媽的身體，但因碰觸而產生的感覺是很特別、很奇妙，也很舒服，但隨之而來的亂倫與罪惡感逼得他得否認這種感覺，大罵自己變態及不孝。媽媽除了應該向孩子說明有時身體的碰觸是自然的，不必與其他事情連結，更不用有愧疚感，並向孩子抱歉媽媽是太遲鈍了，只想著要把事情完成，沒注意到一些小動作會影響到台生的心情。

媽媽敲了門得到應聲之後，進入台生房間，坐在床的一角，對著靠在書桌作功課的兒子說以前都把他當小孩，不知道他已長大了，以後要進兒子房間時一定會敲門，也會尊重他的隱私權，而跳土風舞時，不會再像以前一樣，把他當成與爸爸跳舞了，但是媽媽還是需要一位好老師指點。

結語

父子、母子幾度溝通之後，台生比較願意敞開心懷與父母談自己的感覺及看法了，而父母也都盡量觀察台生的言行與需

求，訓練自己的敏感度，以期能與兒子保持溝通的管道。

　　媽媽半開玩笑的問爸爸：「俗語說女大十八變，難道不也是男大十八變嗎？」

建議

1.孩子雖是父母生養的，卻是獨立的個體而不是所有物，父母得尊重其自主權及隱私權，並非隨便他怎麼做，而是要教導他認識有限度的自由，尊重自己也尊重別人。

2.孩子年幼時需要父母的擁抱與親吻，他會感到溫暖與依附，但是第二性特徵發育之後，他逐漸轉成大人，父母要教導兄弟姊妹恪守人倫保持距離，而父母自己更要注意與孩子之間的人際距離，不可近到感到其呼吸，亦不可太遠呈高傲狀。

3.父母可多用言語誠懇溝通來表達感情，必要時可以摟肩或拉手示意，並以眼神關切之。

男大當婚

男孩入庖廚

　　仁甫國中畢業時堅持要考職校，理由是書讀得好沒有用，學得一技之長才能生存，何況家中經濟拮据，若能早日出社會賺錢，可以分擔家中開銷，供弟妹讀書，而且以後想讀大學時，可以讀進修班拿空中大學的學位不也一樣。父母親聽得熱淚盈眶，心疼這個孩子早熟又懂事，也就順他的意願他去考公立高職。

　　他還滿有興趣讀會計統計科，課餘時間都花在運動上，籃球、排球均為班隊，還參加學校的晨泳隊，是學校女生矚目的對象，不過他似乎都不為所動。這學期升高二，突然間對烹飪及烘焙食物產生興趣，居然開始閱讀媽媽的一排食譜書籍，還不時發問，周末時還自願在廚房當觀察者及助手。

　　仁甫自小愛吃懂得美食，媽媽一向對他有問必答，也很歡迎他的幫忙，只是仁甫似乎有點走火入魔，居然要求做晚飯給全家吃，全程自己動手。媽媽怕他搞砸了晚餐，不敢信任他，偷偷報告爸爸，爸爸著急的問仁甫：

　　「兒子啊，你以後是不是想做大廚啊？千萬不可，太辛苦

了。」

「不是啦，我只是想學做菜，以後才能做給自己及朋友吃啊！」

「啊呀，那是女人做的事啊，以後長大結婚，太太可以煮給你吃啊。」爸爸是很傳統的男人。

「現在餐飲業這麼發達，只要你有錢，要吃大餐或買便當，還怕吃不到啊，幹嘛要花時間學做菜，你不是說賺錢嗎？先把書讀好再說吧！」媽媽心疼兒子，不忍心他進廚房。

「找工作也要等到畢業當完兵啊，我現在只是在充實我的生活技能，以後我可以孝養你們，等我自己老了時也可以照顧自己。」仁甫解釋。

「你怎麼知道你老的時候是一個人？」爸爸頗為不解。

「我不打算結婚啊！我要一個人過一輩子」

「什麼，你瘋了，說什麼傻話，哪有人不結婚的。」爸爸不可置信。

「仁甫，你是受了什麼刺激，是不是被女朋友甩了？」媽媽問道。

「我又沒女朋友怎麼會被甩？我只是不想結婚而已。」

「兒子，我問你，你是不是同性戀？」父親一臉嚴肅的問。

「我當然不是同性戀，不過現在同性戀也可以結婚了。」

「那你說說你為什麼不想結婚？」父母齊聲問道。

「我對自己不是很滿意，我擔心以後有了孩子，孩子若不聽話或成了大流氓！不就造成社會問題？我同學有父母整天吵架或已離婚的，他們看起來都不太快樂，而爸媽你們雖然感情還好，但為誰辛苦為誰忙，都是為了我們四個小孩，如果不結婚，什麼煩惱都沒有，多輕鬆。所以我要把身體鍛鍊好，學會各種生活技能，上下班自己過生活多自在！」仁甫終於揭露心

男大當婚

聲。

「你這孩子是不是頭殼壞去，還是中了什麼邪啊？」母親無法理解。

「其實我從國中就有這個念頭，進入高中後想法逐漸成形。」仁甫幽幽的說。

「眞是作孽啊，怎麼會這樣呢？」母親受傷父親不語。

問題呈現

當晚母親趴在床上哭泣，她向父親低訴著：

「仁甫三歲時黏我黏得很緊，有一次我拿我們的結婚照給他看，他說他長大也要結婚，要娶媽媽當太太，我笑著跟他說不可以，他還說一定要。沒想到事隔15年，他居然變成一個不結婚的男孩，怎麼會這樣呢？他是不是心理不正常，還是生理有殘缺？不過從他平常的身體狀態及舉止言行看起來不像啊！」

「不要太擔心，孩子還年輕，還未定性，也許並沒有你想像的那麼糟，這樣吧，妳明天去學校請教學心理的輔導老師，請她診斷診斷兒子，問問我們該怎麼幫助他。」丈夫好心安慰妻

子。

分析與輔導

　　邱老師先安慰著急的母親，說仁甫是個有思想、有深度的孩子，雖然是讀會統科，卻對哲學有興趣，早就開始思索人生的問題，他曾經與正好是級任導師的國文老師討論人生哲學，國文老師曾感嘆這孩子讀錯科，應該學哲學或文學，但仁甫卻說是自己的選擇。他是有點早熟，看事情看得遠且有點悲觀，這是他人生經驗不夠，磨鍊不足，對自己還未有充分信心，但

他絕對是個心理正常身體健康的年輕人。

至於仁甫說不想結婚，當然言之過早，他的人生根本還沒開始就要談養老，也許是因沒有信心導致不想奮鬥，還是天生悲觀而產生無奈與等待的心情，當然這不是很好的徵兆，但是不宜用傳統的男大當婚、女大當嫁的觀念來反駁他或壓制他，因為時代在變，有關傳宗接代或養兒防老的想法，他可以選擇結婚或不結婚，生或不生小孩，他要為自己的人生負責，父母只能給忠告或支持，是無法強迫孩子結婚的。

因此，最適當的應對方式，就是對他們的說法不予批判，以中立的態度來與孩子談論結婚或單身生活的利與弊，可以請他在隨後的幾年生活中仔細觀察、思考，不論是要走原先的選擇，還是要做新的選擇，父母都會尊重他的。當他知道父母不反對，肯聽他的想法，他會覺得父母懂他的心，就較會主動與父母分享心事，一旦溝通的管道打開了，親子心靈互動增加，兩代之間是可以互為影響的。

至於仁甫提到的不是對自己很滿意，邱老師覺得他有點宿命，需要開導，乃請他至輔導室來做個別晤談，聊了許多他個

人的事，發現他只對自己有興趣的事下工夫，有努力就有成就他才肯更努力，而沒有興趣做的事他會害怕，就避免去碰它，而且他是一個「眼見為憑」的孩子，看到父母不和的孩子之叛逆或有些適應不良的單親同學，他就覺得婚姻之事難以預料，還是不要去嘗試好了，因此邱老師稱讚仁甫是有個性的孩子，知道自己的興趣，願意加以發展，個人優點受到肯定，但是人生還有許多事情值得嘗試，重要的是嘗試的歷程，而不是結果

男大當婚

如何，如果沒有試過，又如何能預設結果呢？

　　以交女朋友為例，高中生不是不可以結交異性朋友，當然不是為了要結婚生子，而是一種人際關係的練習，促進兩性之間的了解與互動，因此兩性交往的歷程其實是很奇妙很有趣的，只要動機純正交往正當，感情受到祝福，自己也會有所成長的。

結語

　　老師從頭說到尾都未指責仁甫或說他思想怪異，而是很關心的與他一起探索自我，仁甫很高興有人認同他，一開始就高談他不結婚照顧自己的哲學，等到邱老師耐心與他談過四次之後，他覺得結不結婚不重要，至少目前不會去考慮，而打球除了健身之外，既可以合群交友又有樂趣；而學習烘焙與烹調技術和自己愛吃的天性有關外，也可以替母親分勞，給家裡帶來新鮮的口味，因此還是我行我素。

　　父母親因為自不同角度來接納兒子，重新了解兒子，願意支持他追求興趣，但也鼓勵他多嘗試新的事物，他們誠摯的邀

請孩子一起來學習人生百事。

建議

1. 孩子出生於雙親家庭，婚姻與家庭制度的重要性當然要讓孩子知道，但避免自個人經歷來批評婚姻是好或不好。

2. 傳統的婚姻觀已不適用現代社會，結婚是兩個獨立平等的個體，因相愛相知而相依，認為兩人一起生活會比一個人生活更充實、更有建設性，乃決定組家庭共度未來，他們可以決定生幾個小孩或者不生，父母的期待乃退位成參考之用。

3. 女性既能相夫教子，又能打拚事業，才是女強人，而男強人則是在外剛強吃苦，在家亦能煮食做家事，現代男女的婚姻，家庭內外均是挑戰，父母在觀念上的跟進與認同，以及在生活上的支持與協助是很必需的。

男大當婚

志明的性取向

志明的坎坷生活

張老師正在校對志明剛打好的一篇輔導室文訊，稱讚他錯字愈來愈少，速度也提升。志明面帶笑容的說：「謝謝老師，老師下午下課後，我可不可以來輔導室借用電腦上網？」

「好啊，不過輔導室五點半就鎖門喔！」

張老師望著志明離去的身影，想著這孩子一年多以來變得較開朗，功課也跟得上，心裡很寬慰。

志明因一時似乎對新環境很有興趣，主動找男女同學聊天或打球，但因不太會說話，球也打得不好，並沒有交到幾個朋友，而在國二上時曾寫了一封信給同班男同學，表達愛意，第二天全班同學都知道了，馬上流傳到隔壁班，原來志明是同性戀，走到哪裡都有人在指指點點，竊竊私語。

志明受不了壓力，第二天就沒來上課，級任導師打電話給志明家，正好父親接電話，非常生氣志明的「不學好」及蹺課，跟老師保證隔天會帶他去上課。於是父親把整天裝病在家的志明打了一頓，並撂下狠話：

　　「你給我乖乖聽話，國中生要好好讀書，想交女朋友，門兒都沒有，更別妄想交男朋友了，你不正常老子非把你打正常不可！」

　　志明哭紅了眼來學校上課，同學們都不太理他，功課也一落千丈，考卷都是滿堂紅，導師甚為擔心，乃請輔導室張老師與志明晤談。當張老師真誠的關心感動了冷漠以待的志明，志明才說出家庭背景，原來父母親都在工廠上班，為了生病的祖母及志明兄弟倆，還常常要輪流加班，維持生計，平時很少時間與孩子們有親子互動，但求孩子聽話不闖禍，當爸爸獲悉志明疑似同性戀又裝病缺課在家，他將兒子痛打了一頓，而媽媽也因為「恐同症」（恐懼同性戀症）而力勸兒子要「改正」，從此孩子與父母的關係更為疏離。

　　志明很痛苦的向老師訴說爸媽都不諒解他，班上同學瞧不

起他，他沒有朋友，有時真的不想活。張老師乃邀請他以後中午及下午下課後來輔導室幫忙及做功課，老師願意課後幫他輔導課業一小時。志明覺得在輔導室總比在家裡溫暖自在，功課反正得做，先在學校做完了回家就可以看電視，所以每天都留下來讀書，也開始學會電腦打字及上線了，半年後他的功課已由邊緣進展至中等，且由於常用電腦，也可以替張老師打些簡單的活動通知了，因為他在輔導室找到歸屬感且有成就感，他成了輔導室的義工。

呈現問題

張老師臨回家前巡視輔導室的門窗、冷氣開關及電腦發現有一台電腦未關機，她才觸及滑鼠時，銀幕上就呈現一段親密露骨的文字，仔細看是屬名「娃娃」的人寫給「明明」的情書，還邀約「明明」一起去賓館共度春宵。張老師心裡一驚，這不是網路一夜情嗎？這個「明明」顯然就是志明嘛，他在網路上交朋友可能有好一陣子了，唉，只怪自己看他表面好好的，以為沒事了，沒有去注意他的內心需求，雖然曾經問過他

是否同性戀，卻因志明說他不想談而沒有再去碰觸這個議題了。

「原來志明真的是男同志，我該怎麼與他談呢？」

「志明有網路交友及一夜情的行為，我該如何阻止他呢？」

張老師覺得自己對志明有責任，好不容易與志明建立了亦師亦友的關係，如果措辭不當刺傷了志明，失去他的信任，不就前功盡棄嗎？想了很久，拿起電話，打給她在任職精神科醫師的大學同學。同學很熱心的推薦了一位專門做同志諮商的男性同志諮商師小王，他自願前來與志明晤談。

分析與輔導

其實給同志青少年做諮商不一定要找男同志諮商師，張老師雖然能夠接納同性戀，卻不擅長做同志自我認同及出櫃的諮商部分，而且志明之所以信任她接納她根本就是移情作用，代替了父母的角色。她自己生活在異性戀的環境中，以為志明沒有再有任何示愛的舉動就是

回歸異性戀，而且以父母心態認為志明才國三，年紀還小，要交朋友也要等到考上高中再說，現在小王願意來跟志明談談，協助他驗明正身、自我認同，是非常恰當的。

小王一開始就說自己是同志，志明半信半疑，小王就問他是不是在小學時就曾經偷偷喜歡班上的男生？志明點點頭，小王就說：

「這就對了，一般小男生會暗戀小女生，但我們可是暗戀著小男生啊！那種不為人道的祕密，不為人知的壓抑與痛苦只有身為同志的人才能體會！」

志明完全聽懂，全身鬆懈，終於才把在心中的話語全部傾倒出來。自從國二上被同學公開求愛信後，他自尊心受損，不信任同學，不喜歡家人，真的不想活，還好輔導室張老師拉他一把，兩年來陪伴他，但志明覺得張老師不懂同性戀，更不了解他的身心需求，他為了不想給她找麻煩，盡量在學校生活中達到老師的期望，這樣爸爸也不會老盯著他。而私底下，志明上同志網路去聊天交朋友，甚至有一夜情。其實他也不想做兩面人過雙重生活，尤其網路上的同志朋友，也不見得個個真

誠，他就曾被騙過小錢，人財兩失，而且有些人吸安、抽大麻。他只是想要交一個知己的伴侶，卻一直還在尋尋覓覓。

小王嘆氣說這也是他青少年時的寫照，就是因為自己受過苦及許多不平等待遇，才立志成為諮商師來幫助其他的同志。首先他嘉許志明懂得保護自己及他人，身上隨身帶著保險套，然後確定他交友的動機純正目標正確，誰不想要找一個知己維持一份穩定關係呢？只是同志網站對一個未成年的孩子來說還是太複雜了，很容易被人家占便宜，尤其網路上很多人是匿名的，若存心不良是可以做許多壞事的，對志明而言，絕對不是個交友的適當管道。

小王也同理志明內心的寂寞及生理上的衝動，不過他一直對志明強調性傳染病及愛滋病的殺傷力與潛在致命力，他說有性傳染病的人絕對不會在臉上寫著「我生病了」，而網路上全是陌生人，還是必須提防，不怕一萬只怕萬一，何況交朋友是要能信任，有安全感，最好是從知道底細的人開始交往。

志明全聽進去了，他解釋自己何嘗不想交年紀相仿的男朋友，但就是交不到啊！小王提醒他，愛情只是人生的一部分，

是必須的，但不是隨便找。身邊有一個伴固然好，但自己的生活仍要發展，何況那個伴侶也有他自己的生活。因此志明的當務之急是學習人際關係的技巧及說話的藝術，多去關心別人，幫助他人，從與人建立友誼關係中累積經驗，也可多認識一些男女，了解其心態，自己才會變得更成熟、更懂事有自信。

小王強調自信心的第一步是來自自我認同，志明既然從小就知道自己是同性戀，最重要的事能接納自己，只是性取向的不同而已，其實是個完全正常的年輕人。社會上還是有許多人不懂同性戀、排斥同志關係，他們需要再教育、再學習。

結語

志明每周與張老師晤談一次，學習人際關係技巧及溝通技巧，還加入輔導室舉辦的人際關係團體及自我成長團體，並與其他義工在輔導室幫忙，常輪流買便當一起吃飯聊天。另外，志明則是每兩周一次去小王的諮商室與他討論家庭關係及出櫃的問題，既然父母如此的固執，志明又馬上要進入高中就讀，出櫃的時機必得慎選，每個人情況不同時間也不一樣，依其心

理準備的程度而定。

　　志明有了自我認同及社會支持，他已學會在異性戀社會中站穩腳步而不會迷失。

建議

1. 有的孩子天生感情豐富，會有告白的舉動，父母應了解這是感情的流露，不應責罵，而是稱讚他有勇氣表達，只要有心理準備，對方不一定會回應，或者對方可能不懂得珍惜，自己期望過高就有可能受到傷害，此時父母的接納與陪伴非常重要，孩子一輩子受用。

2. 不論孩子是同性戀或異性戀，父母是沒有辦法也沒有全力去改變他的性取向的，只能一路陪伴他去確定其性取向，求得自我認同。

母親的關心令他煩心

女友的情緒

媽媽注意到這幾天冠民有點反常，不再躲在房間上網與女友聊天，星期日也只和鄰居小鄭在附近國小練投籃，且女友已經有一星期未露面了。看看兒子很無聊的坐在沙發上看電視，媽媽忍不住說：

「最近你的生活好像不太一樣，形單影隻又有點失魂落魄，是不是有什麼事情不開心？」

「還好啦，沒事沒事，妳不用擔心。」

「還說沒事，你的舉止言行全洩了底，不過你不想說就算了。」

「媽妳說妳看出我有心事？我的情緒有寫在臉上？」兒子有點訝異。

「當然啦，知子莫若母，其實你就跟你爸一樣，臉上蓋不住

情緒，心裡藏不住話。」

「哦，真的是這樣嗎？可是為什麼綺綺不能了解我呢？」

「哈！我早就猜到了是和女朋友鬧彆扭，到底是怎麼回事呢？」

「她很愛生氣，常為小事不高興，可是又不說，悶在心裡，然後選時間發作，而我根本沒有覺察到她在生氣，她還是照樣跟我聊天，但心中已一肚子氣，說我不關心她、不愛她，然後我就得小心翼翼的賠罪、伺候她，問題是她列舉的幾大罪狀我都感到莫名其妙，好多事都不記得，她就更生氣了，這一次她又跟我大吵，我已經不想再容忍她的無理取鬧，就說我們冷靜一陣子，她卻大吼大叫說分手好了，所以我們已經四天沒說話了。」冠民將心中積壓傾倒一快。

「她來我們家作客時，扭捏作態，又不大說話，我就覺得這女孩不夠大方與開朗。哎唷，冠民啊，兩個人相處是要互相尊重啊，她那麼愛對你生氣也太拿喬了吧！分手就分手吧，你又不是交不到女朋友，何況你才大一，慢慢來！拿出勇氣來，像個男孩子！」媽媽表態。

母親的關心令他煩心

「可是，我怕她傷心，我……」冠民欲言又止。

「你也捨不得是不是？真沒骨氣，天涯何處無芳草！」媽看不慣兒子的不確定與不捨得。

「唉，我不知道欸！」冠民嘆了口氣，不想再談下去。

過了幾天冠民好像又跟女友復合了，連著兩晚都到午夜才回來，母親有點擔心，問他卻什麼也不說。一星期後他才幽幽的說：

「我們真的分手了。」

「那就好了，你就不用再看她臉色了，這種女孩不交也罷。」媽媽有點幸災樂禍。

「媽，拜託妳少說兩句行不行，這是我個人的事。」冠民反彈。

「什麼話，你是我兒子，你的事我當然要管。」母親不甘示弱。

「沒妳的事！」冠民居然站起來，轉身跑出家門。

「這孩子，交了女朋友就不要娘了，哼！」媽媽在後頭追嚷著。

從此冠民再也不和母親聊感情之事了，只談生活瑣事，母親雖然不很高興，也不好發作，母子關係雖有互動卻覺得很微

妙，既親近又有那麼一點疏遠。

呈現問題

　　冠民母親很關心兒子，也很疼兒子情路走得不順，碰上一個情緒化的女孩。她本來就對這位女友印象普通，知道兒子痛處之後，印象更是直瀉而下，看到冠民拿不起、放不下的樣子就有氣，好希望兒子能走出情傷，回復活潑有精神的模樣，偏偏她說的話兒子全聽不進，後來還敬而遠之。

　　母親很困擾自己的關心沒有得到回應，向要好同事抱怨，她們居然勸她看開些，孩子長大了有自己的感情世界，冠民的父親還開玩笑問她是不是更年期到了。她真的不知該如何幫助兒子，也不知如何才能重建以往母子談話多、笑話多的互動呢？

分析與輔導

　　媽媽總是衛護兒子的，男女朋友交往總會由愉悅到漸有衝突而達到和諧穩定的階段，一聽到兒子長吁短嘆女友情緒化、

愛生氣，就認為女孩不夠好，配不上她兒子，既然已鬧開了不妨趁早分手。這種全有或全無的二分法固然是愛子心切，卻是父母心態，大人看小孩做事，處處需要指點，她是很了解兒子得自父親的個性，卻忽略了冠民的情緒困擾及戀愛的心路歷程。她說中了孩子有心事，卻沒有能力走進他的心。

兒子及綺綺可能都是情場新手，男孩比較粗枝大葉，女孩則心思較細卻不會表達。當有些事情未達到期望時，心裡就不高興，她的暗示小表情、小動作並未被冠民覺察到，等到心裡怒氣積到一定限度時就會爆發，情緒發作語言與指控齊來，冠民因為喜歡她，就盡力陪笑臉安慰她、開導她，甚至道歉連連，但因綺綺生氣的頻率愈來愈高，冠民可能發現他的努力反而是增強綺綺的負面行為，他的挫折感提升，感到無奈與無助，已經想放棄了，但想想又不甘心，兩人畢竟有過歡笑甜美的時光啊。

媽媽應該先同理兒子的各種情緒，如不安、焦慮、沮喪、無奈與無助等，而不是去責罵他軟弱或慫恿他分手，此時他是聽不進去的。在他身旁分享他的情緒，傾聽他的訴說，然後試

著幫他分析衝突的來由及關係發展的各種可能性，冠民才會感覺到被了解被支持及陪伴，會自內心產生力量來處理兩人關係。

綺綺可能是個相當沒有安全感的女孩，也為覺察自己喜歡鬧情緒，在家中父母寵愛縱容慣了，她把與家人互動的模式帶進男女朋友關係，期待冠民事事聽她、順她，而冠民也有自己的意見，他也不懂得婉言溝通妥協，一看綺綺不作聲，以為她默許，乃自顧自地依自己的方式去做事，並不知道有人已經在生悶氣了。因此母親若要幫助兒子，應由客觀角度來與之談話，為其分析，冠民才能在情緒被安撫之後，自混沌走出，理性的思索自己下一步要如何做。

其實母親可以鼓勵冠民心平氣和的將自己的感受說給女友聽，例如當綺綺生氣時，他真的手足無措，心裡其實很慌，不捨得心儀的女孩不開心，而綺綺又什麼話都不肯說，認為冠民應該知道，但是冠民就是不知道，所以亂猜，猜錯了女友就更生氣，冠民就感到沮喪沒好氣，兩人都呈負面情緒又如何能相處愉快呢？綺綺若也真心喜歡冠民，當她聽到男友用意至善但

努力的結果卻是挫敗感，她一定也會心疼而感到抱歉，兩人的溝通管道打開就可以作理性對談，而當溝通模式建立起來之後，兩人的互動關係就會愈來愈正向。

父母若過於保護孩子，他的潛能無法發揮，思考及行為均不能獨立成長；冠民的母親一心想要兒子分手，不斷的貶低對綺綺的評價，然而冠民心中卻不是這麼想，他只是很煩很倦，還未到義無反顧的分手階段，此時他若聽從母親的意思就違反他心中的感覺，但若不分手，他又害怕惡性循環的衝突。他需要一段清靜的時間來單獨思考處理方式，母親與父親無聲的支持與同理的語言，是可以促進他忠於感覺及理性思考的。

結語

冠民與綺綺之間的衝突，其實無所謂誰對誰錯，或誰好誰壞，各自的個性就是不同，總要先顯露好與不好的個性特質，彼此都看到，了解並接納後，再學習調適，這就是人際關係練習的一部分，有待虛心學習。

母親絕不能因為孩子是她生養的，所以她有權干涉其感情

生活。孩子大了有自己的原則及作法，即使不恰當，父母也要給他空間、時間去學習，因此冠民的母親應給兒子空間及時間，並學習拿捏成人親子關係。

建議

1. 成年孩子的感情事父母最好不要介入，但要表達關切，並願意傾聽。

2. 對兒子的女朋友或女兒的男朋友若有不滿，不做惡意批評或人身攻擊，僅陳述事實即可。

3. 父母若尊重孩子的感覺，他會尊重父母的意見的。

母親的關心令他煩心

如何說「不」？

妹妹的兩難

媽媽看惠玲欲言又止的樣子，忍不住問道。

「妳想問什麼？要說就快說啊！」

「媽，我說了妳可不要生氣哦，妳要先答應我不罵人，我才說。」

「好啦，不罵人，妳是否想買新電腦了？」

「不是啦，是關於妹妹。」

「妹妹怎麼了？跟維勻吵架了？前兩天他還送她回家啊！」媽媽很好奇。

「是這樣的，他們在兩個月前有了拉手及接吻的行為，最近維勻幾次表示想要更進一步，妹妹雖然很喜歡他，但害怕有更親近的行為時兩人會失去控制，而且她也不想在大一時就有婚前性行為，但是她怕維勻會不高興或因此離開她，妹妹覺得好煩惱啊！」惠玲一口氣說完。

「所以她來求助於妳？」

「是啊，我只比她大兩歲，也還沒有親密男友，實在不知道

該如何幫她，覺得這事情滿嚴重的，只好偷偷問媽囉。」

「傻孩子，不要擔心會挨罵，能思考而敢問就是正確的行為，妹妹能與姊姊分享，而妳找媽媽替她分憂，就表示我們母女關係緊密，媽媽很高興。不過由於當事人是妹妹，我們盡快找個機會就這個問題來聊聊。」

「媽，妳真的不會罵妹妹？那以後還准不准維勻到我們家來？」

「他要到我們家來，我才有機會教導他啊！年輕人互相喜歡，親親抱抱是免不了的，最怕是擦槍走火，因此平常就要灌輸他們理智與情感的掙扎就只在一線間。」

「媽，沒想到妳真開通！」惠玲從不知母親這一面。

「你們姊妹都已成年，我必須要尊重妳們的生活。妹妹心中有分寸，只是沒學過如何說『yes』及『no』。通常女孩子想要都不出聲，不想要也不敢說話，因此『默認』其實可能是『yes』，也可能是『no』，但是男方都會解釋成『yes』。這就是女孩們仍要學習的地方，將『yes』及『no』分得很清楚，也說得很明白。」

「媽，妳真的好了解我的心唷，我就是不知道要如何表達，既不敢太坦白，怕被認為隨便，又不敢拒絕，怕傷害維匀的自尊。對不起，我躲在門後偷聽了一會兒。」妹妹突然自門後跳出來，母女都嚇了一跳。

「別忘了妳們媽媽也曾經是十八、九歲，也是有男生追求的啊！」媽媽笑著說。「不過惠珊，妳剛滿十八歲，法律上是成年人，在我眼中，二十歲才算成年人，也就是說要為自己的行為及生活負責。」

「哦？」「是這樣啊！」姊妹似懂非懂，繼續聆聽。

呈現問題

當惠珊正沉浸在一壘二壘的甜蜜與激盪中，而維匀的手卻逐漸在褪她的衣褲，有企圖攻上三壘再來個全壘打時，惠珊若有遲疑或不意欲時該如何拒絕他？是當場將他推開還是好言哄勸？

當母親獲悉孩子已和戀人有初步親密行為時，她如何看待此關係並面對兩人？她如何與子女談婚前性行為？

分析與輔導

男女孩彼此有好感互相吸引，隨著時間與互動的增加，渴望親近對方是自然之事，而男生總是本能的較衝動，當箭在弦上時有時候會失去理智，而且男女一旦有過肉體關係上的接觸，難免會眷戀那種奇妙的感覺，忍不住又想摟抱在一起卿卿我我。惠珊與男友愈走愈近，明知身體親近的感覺很好，卻又不敢貿然有性行為，想拒絕又不會，也不敢，心中充滿徬徨與焦慮，疑惑與衝突，只好向最親近也最信任的姊姊傾吐，而姊妹連心，惠玲很想替妹妹解憂，乃向她最信任的人詢問。

其實惠玲在說出口前就有五成把握，媽媽會願意與她們談情說愛，否則子女是很少在這方面向父母求助的，媽媽可能在孩子小時候就有跟孩子們說過青春期身體及心理的變化，以及成年人的情與性。媽媽自己是過來人，她知道時代不同了，父母愈禁止孩子交朋友談戀愛，他們必定會陽奉陰違，而且心中充滿罪惡感，始終感覺自己在偷偷摸摸，尤其在做愛的時候，雖說是很纏綿蕩漾，心底深處確有罪惡感及焦慮不安，不能夠

盡情享受，獲得充分的心理滿足感，因此媽媽從未阻止女兒交男友，還鼓勵他們回家來吃晚飯做功課。

她的理論是女兒二十歲以前要對媽媽負責，亦即符合母親的教誨及期望，將其性生活延後，自己安心父母放心，然而二十歲之後，不僅性行為，人生各方面的行為都要對自己負責，也就是凡事要三思而後行，先考慮到結果是否損人不利己，要能面對自己及他人。媽媽溫和的說：

「惠珊，婚前性行為並不是壞事或禁忌，而是看妳自己有沒有顧慮，例如感情是否到了那個地步；彼此覺得信任有安全感；雙方均對這些議題有共識且有此需求，也討論過避孕的方

如何說「不」？

式，就算以後分手也不會後悔或怪對方等等，也就是身心都準備好了，預備要開始過成年人的生活，則可以行之，否則還是慢慢來，等到雙方都覺得沒有顧慮時再說。」

「如果只是憑親熱時的衝動而放縱情欲，則短時間的歡樂換來的是長時間的焦慮與不安。媽媽知道妳想得很多，又怕媽媽對妳失望，也擔心維勻不高興，妳現在跟媽媽說這件事，我很高興且以妳為榮，所以妳若能對維勻坦承妳的心境與情緒，他會了解的，也會尊敬妳的。」

「要避免進入『全壘打』的基本原則當然是減少孤男寡女密室獨處的機會。雖然男生主動性高、侵略性強，主控權可以掌握在女生手中，親熱的行為可以適可而止，萬一勸告無效，自己又覺得不安或沒有意願，不妨謊稱月事在身，通常可以澆熄對方的欲火。」媽媽說的很露骨而實際，姊妹倆相視而笑。

「我還聽說有一個女生說，『我爸爸回來了』，把男友嚇得急忙穿衣服走人！」惠玲插嘴。

「當然不要去嚇人家，只是要緩和他高漲的情緒。男女既然兩情相悅，想要建立穩定且深入的關係，就得互相尊重，要等

待對方準備好。因此惠珊妳既要檢視理智，又要順著感覺，就得在其中求取平衡，先從保護自己免於身心受傷的觀點來考慮，然後再替維勻著想。當妳老實告訴他，妳目前還不想或者不能如此做時，別忘了告訴他，妳是喜歡他，就是因爲喜歡，才豈在朝朝暮暮，等雙方都ready後，不是更完美更放鬆？這樣的說法可以讓維勻了解妳不是在拒絕他這個人，而是妳自己還未準備好。」

「聽起來，溝通很重要，可是好難哦！」惠珊說道。

「是啊，所以才要學習啊！」

結語

媽媽用心良苦，盡量設身處地自年輕男女的立場來分析惠珊的困擾，灌輸性教育，貼近女兒的心，從來沒有人對惠珊姊妹說過這樣坦承而深入的話語，她們覺得新鮮有趣也有道理，全聽進去了，且引發思考，更願意對自己的行爲謹慎而行了。

成年人的婚前性行爲是愛情的表達，也是一種承諾，象徵感情的里程碑，對男女雙方甚具意義，光有渴望及默契是不夠

的，經過討論、交換觀念後獲得共識。

建議

1.愛人與被愛是需要學習的，做愛也需要學習。父母本身先學習如何去愛子女，然後才能教導孩子有關愛人、被愛及做愛方面的學習。

2.父母若經常責罵孩子，他們會將附帶責罵中的道理一併當成耳邊風，但父母若能說中子女的感受與心思，他們就願意聆聽而被教化。

天下父母心子女情

小英戀情的分合

大三的小英與男友交往一年多，兩人狀極親密，父母親並不喜歡男友過分活躍於社團且經常飆車，又擔心他們可能有性行為，每天耳提面命，再三叮嚀小英要自重自愛。不想聽太多嘮叨，小英與男友在外的時間愈來愈多，常常給些晚歸的藉口，父母自知管不動了，正準備放棄之際，女兒突然間好幾天晚上不出門，把自己關在房間內哭泣，也躲著家人，母親追問之下，才知道男友移情別戀且要求三人行，小英無法接受，傷心之餘主動提分手，男友也就順勢去與新歡在一起了。

父母心中暗喜，女兒總算鳳還巢了，一邊大罵男友無道義、無眼光，放著這麼好的女孩不知珍惜，一邊對女兒百般安慰噓寒問暖，小英總算慢慢恢復正常上課與做功課，偶爾與同學們出遊，又成為父母的乖女兒。

只是好景不長，四個月後，男友又回頭找小英，說她才是他的最愛，小英感動之餘，答應他重新再來。當她以歡欣的口氣告知父母，並感謝他們的照顧與關心時，張父立刻表示無法接受這種負心漢，禁止小英與他來往，張母也指責小英太沒自尊也無原則，兩代鬧得幾乎翻臉。

沒想到小英居然豁出去了，不但經常晚歸，有時還夜宿男友家，且愈來愈頻繁。憤怒的情緒在父母心中醞釀，張父說女兒不知廉恥，要和她斷絕關係，張母則主張去學校找教官教訓男友，小英的妹妹小莉一方面代姊向父母求情，一方面去找姊姊，請她回家處理與父母的關係，妹妹的出現正好給小英一個下台階，只是小英真的不知如何在親情與愛情之間求取一個平衡點。

小倩先冷靜再劈腿

小明與小倩均為大三學生，相戀兩年，因小倩母親早逝，父親再娶，她很少回南部家中，大部分時間都留在台北自己住。由於小倩美麗乖巧，甚得小明父母喜愛，又本著愛屋及烏

的心理，不僅邀請她周末來住宿，還與全家人出遊或出外用餐，有如家中一份子，令小倩深感溫暖與幸福。

除了在學校有共同交集外，各人有自己的興趣，小明在教小學生課外打籃球，而小倩在廣告公司當工讀生，彼此互相尊重及分享生活。但認識愈久，發現不同點愈多，有時難免起衝突而吵架，吵了不久就言和，有一次雙方有了激烈爭吵，小明找哥兒們抒發，小倩哭泣傷心之餘決定兩人冷靜一個月。

這一個月小明相當痛苦，明明很愛小倩很想見她，但又怕面對面的爭吵，心中也開始質疑兩人到底合不合適，另一方面，他又得去接受父母的關心與詢問，實在很不想說又不知要說什麼，乃主動與他們疏遠。就在焦慮的等待中，他發現了一個大祕密。

經由朋友口中得知小倩藉要冷靜之名行劈腿之實，暗中與文德交往，吃飯看電影甚至留宿文德住處，而文德正好是小明高中三年最好的朋

友。小倩經不起小明的逼問而全盤托出，而文德卻還若無其事的寫e-mail詢問小明近況。受此打擊，小明與女友分手，與文德斷絕來往，日夜不能眠，缺課甚多，球也不打了，每天像遊魂似的上學、回家。父母得知後非常心疼，當然是大罵文德不夠朋友，卻沒有對小倩加以批評，只是不斷的給兒子支持與鼓勵，做他的後盾，而妹妹因有被背叛過，很能同理哥哥的心情，雖然自己也上課，每天必打電話給在學校的哥哥問他情況並要他堅強，回到家中也陪伴他念書吃宵夜，有時聽聽他傾吐情緒。看著小明低落的情緒，大家只能盡力而為。

問題呈現

現在的大學生青春很少留白，除了會玩耍，也很熱中交男女朋友，一旦進入戀愛階段，則是同進同出，生活在兩人的天地中，就因為太沉溺於卿卿我我之中，以至於忽視了存在於兩人之間的不相容性，而在後來產生衝突發現問題鬧分手時，不知道要如何處理。

父母面對孩子為愛情所苦，是要同仇敵愾促其早日分手脫離感情苦海，還是主動擔任其軍師口授策略呢？

分析與輔導

以案例一中的男友為例，他與小英的關係有隱藏危機，他不願意或不知道如何去面對，以交第三者來填補自己的欠缺，沒有體會到小英會如何的受傷，還膽敢要求三人行，可能是異想天開，或者是以進為退，要讓小英自己離去，這對小英而言，卻是莫大的傷害，以哭泣度日，而案例二的小倩對於吵架又和好的模式感到困擾而不安，乃要求兩人暫時不要見面、冷靜思考是否合適在一起，如此的要求其實是成人的作法，非常合理，但是她沒有拒絕小明好友的追求，反而以此君作為傾訴及慰藉的對象，人在最脆弱的時候都很可能陷入另一段感情中，而此時被呵護、被照顧的感覺遠甚於與男友的冷淡，但是她只顧自己情緒的行為卻完全忽視了男友的感受。而小明正在認真檢討兩人交往始末，思考彼此是否能繼

續發展之時，遭受到女友與好友的背叛，幾乎無法承受一生中最大的打擊。

　　大學生雖然已經成年，但是他們還在練習人際關係，尤其是兩性關係，一旦交往就一頭栽入，缺乏危機意識，衝突吵架時並未培養化解衝突的能力，交往一陣子後雙方個性上不同之處逐漸浮現時，關係就出現了危機。小英與小明受到感情的傷害，症狀立刻出現，明

顯得連父母都可以察覺，兩個小孩平常的家庭關係還不錯，會把男女朋友帶回家，一旦男女朋友不再出現在家中，孩子出去的次數及時間都減少，表現出悶悶不樂或沮喪的行為，其實父母不用追問也可以猜測到發生了什麼事，原因不重要，盡快給予同理與支持才能夠讓孩子覺得心有依靠，最需要抓住一根浮木時，自己的親人是最可靠的。

　　小英的父母本來就不欣賞女兒的男友，一邊竊喜他們分開，一邊也心疼女兒的遭遇，抱著同仇敵愾的心理大罵男友的

劈腿行為，理直氣壯說這種男孩不交也罷，他們沒有想到女兒的心中其實又恨又愛，恨的部分可以與父母認同，愛的部分則絲毫不敢表現，仍然往肚裡吞，心中甚至還抱著些微的希望有一天會復合，因此父母的指責男友只有讓她心裡舒服一點，並沒有讓她覺悟重新審視這個男友適不適合自己，反而讓她覺得有做錯事的感覺，也就不敢跟父母討論自己應該交什麼樣的男朋友，但是因為受傷很重，急需父母的撫慰，她也很享受父母的親情，所以也就任由他們去貶低男友，儘管自己的心裡並不是完全同意。兩代之間想法的落差就在四個月後小英與男友復合時顯現出來，父母無法理解小英為何還愛這個傷害過她的男人，更無法接受小英經常晚歸夜宿的行為，兩代之間對親子關係的期待完全不同，父母要的是一個聽話的女兒，而女兒要的是支持的父母，雙方都落空而且鬧得非常僵硬，而當她與父母關係決裂之後，很自然她會以男友的感情為慰藉及依靠，父母的反對成為助力，她就有藉口與男友在一起，以戀情逃避現實。

　　而在小明的案例中，父母首先做的就是同理兒子被欺騙的

心情、痛苦、憤怒、又很難挨，父母只有指責學長好友的不對，並沒有責罵小倩的行為，因為感情的事情很複雜，小倩與兒子之間究竟出了什麼問題，她才會去找別人安慰，顯然是學長好友不應該趁人之危。當然不是說小倩的行為沒有錯，父母沒有一直謾罵小倩，是因為他們不願意去否定小明與小倩過去的關係，而且萬一小明與小倩再復合，則父母很難去面對他們兩人，目前最重要的就是讓兒子的心情可以平復，傷痛可以減低，讓他在家裡可以感受溫情，能夠自在的表達心裡的苦痛。由於父母要上班不能整天盯著兒子，而妹妹比較有時間給予哥哥有形與無形的陪伴，打手機、發簡訊是年輕人互動的方式，除了男女談情說愛之外，妹妹給哥哥支持鼓勵則是最佳方式之一，小明走在路上讀到妹妹寄來的簡訊，覺得很窩心也很踏實，而父母總是對小明說：「自己覺得怎麼做才自在，且對自己最有幫助，他們願意協助小

明，他們最期望的是有一個健康、活潑的兒子。」

四個月後，小明開始有了力量面對創傷，他下決心將文德自心中逐出，他勇敢的跑去找小倩，表明希望好聚好散，兩人關係可轉化爲友誼。他感謝家人的陪伴與安慰，他願意開始自己的新生活。

小明自家中得到的都是溫暖的陪伴與正向的鼓勵，他的情傷痊癒的較快，當負面的情緒逐漸降低時，他比較能理性的看事情，因爲自己過去曾經非常喜愛小倩，就是要分手也是要好聚好散，所以才鼓起勇氣去跟小倩說明自己的感覺與想法，小倩雖然也深愛小明，但她覺得目前有更多的事情要做，所以雙方都同意化愛情爲友情，這是很成熟的作法，而小明與文德是六、七年的交情，遭受此事變，他當然無法在短期內原諒好友，也就等待以後自己再慢慢修通了。

結語

孩子們自讀高中後就有自己的生活，除了家庭親戚聚會

外，很少與父母去看電影逛街；進大學後更是生活圈擴大，早出晚歸，甚至談戀愛，父母經常有管不動的感覺，然而管不動並不是指不要管，不論孩子交的男（女）朋友是不是長輩所欣賞的，父母基本上要抱著中性的態度，盡量避免介入，既不大力反對，也不必催化加油。大學時交男女朋友本來就是練習男女人際關係的階段，自己的孩子正在躍躍欲試，父母儘管列舉出對方不好的十大罪狀，孩子是根本聽不進去的，且此時的美好的戀情，尚未經過時空及社會化的考驗，以後會不會開花結果很難說，父母若將孩子的對象視為家裡未來的媳婦（女婿），萬一分手時，父母就會很尷尬。

建議

1. 剛成年的孩子急欲獨立自主，還是很怕被父母嘮叨，父母宜從旁以長輩的身分及朋友的立場作適度的關心，給予情緒上的支持，最重要的是提供一個開放的管道讓孩子在受挫折（不論是感情、學業或生活上）時可以傾吐、申訴、聆聽及學習。

2.經常利用機會教育，就事論事的與成年子女討論種種，尤其是好聚好散的觀念及寬恕之心，既可催化孩子的感情獨立與人際成長，又可以加強健康親子關係。

3.父母若不中意孩子交往的對象，不必急於表達反對的立場，多聽子女講其心儀對象的優點及缺點，適時給予參考意見或分享自己過去的經驗。

天下父母心子女情

我愛您，媽咪！

讀者來信與專家回答

親愛的艾琵：

我兒子今年即將滿16歲。晚飯後看電視時，他經常喜歡蜷曲著身體挨在我身邊，他會把頭靠在我肩膀上，然後要我將手臂環報他的肩膀。我當然也很喜歡這樣，尤其他說，「媽咪，我好愛妳！」時，我整個心立刻融化。

先讓我澄清三件事，第一，他是我的獨生子。第二，我們彼此之間並無不恰當的碰觸。第三，當他的朋友來我們家玩時，他是不會這樣做的。而且他也非常愛他的父親，也會擁抱他、親吻他，在一個相親相愛的家庭中這樣做似乎非常自然且自在，但是我在擔心這樣做會不會影響到未來他與女性的關係。

我很不願意看到他發展成為很需人疼愛又很黏人的男人，

或老是媽媽的小孩，不知您的意見如何？

愛心媽咪上

親愛的愛心媽咪：

父母一定會覺得很開心，擁有一個像妳兒子這樣的孩子。妳養育了一個與父母連心的可愛獨生子，倘若他進了大學時還未對年輕女孩感興趣，那妳就得擔心了。目前他還是稚氣未脫的青少年，似乎還未進入「發情」期，祝福妳！

問題呈現

某高中在星期六早上為家長舉辦的親子關係座談會中，林教授以投影機投射了一位媽咪讀者寄給美國專欄名作家艾琵女士的一封信以及艾琵女士的回信，作為討論的引言，等待家長們發表意見。

「這位媽媽太寵兒子了，16歲還黏著母親，哪像個男孩子！」

「我覺得這樣很危險，肌膚之親對兒子可是很有感覺的

啊！」

「那位爸爸到底在做什麼，怎麼可以允許這樣的情形存在？」

「有這種兒子真貼心，哪像我們家小華整天不見人！」

「外國人最肉麻了，我們華人怎麼會一天到晚把愛掛在嘴上？」

「我看這個男孩可能有戀母情結，他是獨子，沒有兄弟姊妹可玩，只好一天到晚黏著媽媽。」

「這個男孩不見得天生嘴巴就那麼甜吧！也許他父母常互相表達愛意，就像電影上的夫妻親密那樣，孩子就有樣學樣了。」

林教授聽完家長們的七嘴八舌熱心發言之後，笑著說：

「這個案例引發大家的思考及感觸，能說出自己的看法，非常好，只是好像還沒有談到那位母親的擔心，不知他兒子的行為會不會影響到他未來與女性的關係，這是母親讀者丟出來的主要問題。而綜合各位剛才的意見，我們也有幾個問題待討

論：

1. 父母與青春期之後孩子們之間身體碰觸的尺度爲何？

2. 夫妻之「愛」，一定要掛在嘴邊嗎？

3. 西風東漸，美國電影充斥，流行雜誌中文本到處可見，外國的民情國情不同，我們該學洋人表達對孩子的感情嗎？」

分析與輔導

　　林教授認爲老外經常將「我愛你」掛在嘴上，有時會流於形式，而中國人太吝於表達「我愛你」，孩子只聽到斥責與期望，沒有感受到溫情。事實上老外不僅嘴巴上說我愛你，他們會輔以肢體語言，如抱一下或親一下，說的人及聽的人此時的確覺察到感情的傳遞；愛的交流在當時是眞實的，家庭的氣氛當然是很美好的，如此言行經常出現，就會成爲親子互動的好習慣。

　　我們華人自小就沒學習表達感情，父母只希望孩子們聽話，好好念書，不要太早交異性朋友，婚姻對象最好經父母同意，因爲期望及訓誨太多，孩子往往來不及實現，擔心被責

難，焦慮與不安阻止他們眞情流露，其實他們何嘗不知道父母的愛是無私且眞實的，但是他們若常被責罵之後，自尊受損，覺得父母不了解他，瞧不起他，因爲自己這麼想，他就逐漸感受不到父母的愛，甚至產生敵意，但因有罪惡感及焦慮，他不能表達負面情緒，只好自我封閉，消極逃避。

就讀者來信的案例，全家人關係緊密，且彼此願意表達感情，想必父母的婚姻美滿，互動親密，孩子自小就學習到如何表達情愛感覺，而父母對孩子的甜蜜語言及親密動作都正向的加以回應，才會增強了他的行爲。而16歲的孩子帶有稚氣，他的個人主義思想及行爲還未出現，也就是說「分化」的觀念還未萌芽，他似乎較一般青少年稍微慢些。

這位母親的心情其實很矛盾，她一方面希望孩子永遠不要長大，可以依偎在身邊一輩子，一方面了解到他即將成爲青年，將有自己的生活及感情世界，很擔心他會太依戀母親而不

容易與同年齡女孩建立關係。光是擔心沒有用，身為母親就是要灌輸孩子正確的性愛感情婚姻觀，這個孩子是絕對聽得進去母親的話，因此母親可以藉詢問他班上同學男女交往的情形，以及常談的感情性事話題，來了解他在這方面到底懂多少，先讓他發表意見，正確的觀念加以增強，不正確的想法則慢慢與他談，當他接受了正確健康的性愛觀念之後，他可以去影響同儕。

　　母親一定要告訴孩子，她會尊重孩子的感覺，當他對某位女孩有好感時，母親會認為這是自然之事，如何表達仰慕之意以及可能的後果，都可以在母子對話之間提出來討論，讓孩子了解到交女朋友並不是壞事，但是要與自己喜歡的女孩交往卻是有待學習之事。感情之事並非心想事成，對方也還在學習階段，雙方的組合及互動並不見得會如自己期待那般美好，但是每個人有權利表達自己的感覺，尤其是正向的情感，所

以還是值得一試。

　　至於父母對青春期的孩子表達情感時，身體碰觸的尺度如何，林教授認爲從孩子小時候親子之間就該有親親抱抱的動作，待孩子開始發育之後，就要減少大幅度的擁抱及親吻，拍背、摟肩膀、拉手、摸摸臉的輕度親密動作較適合國人，而我們當然不需要整天說「我愛你」，但是眼神、動作及口氣都可以傳達愛的感覺。

結語

　　家長們聽完專家的話之後，紛紛開始檢討自己對孩子的碰觸。有些爸爸承認從未擁抱讀國、高中的孩子，尤其是女兒更不敢碰，有些媽媽也承認仍把高中的兒子當小孩，經常摸他的頭，撫他的臉頰，然而也有父母很得意的說，會與孩子勾肩搭背、稱兄道弟或者母女在床上聊天聊到睡著。

　　經過經驗分享及分組演練互相碰觸及表達情感，家長們均感受不錯，也覺得很有趣，都認爲有回家嘗試的必要，每個人抱著相同的動機及不同的心情回去增強親子親密關係。

建議

1. 若從未與孩子有身體親近行為的父母，去碰觸他們一定是表情惶恐、動作生硬，孩子也會覺得怪怪的，反而無法表達心靈交流之效，此時不妨老實告訴孩子，自小未被父母擁抱親吻過，所以沒有習慣在身體上親近小孩，而父母願意學習，希望孩子能給予機會。

2. 不論是父女、母子、母女或父子，在碰觸彼此的身體時，均得一樣小心，動作拿捏得宜，不要停留太久，且加上對話，如「時間不早了，去睡吧！」、「真的好高興你演講比賽入圍」或「晚上早點回來，爸媽會想你的！」

我愛您，媽咪！

高材生之死

單戀的代價

電視新聞正在播放新聞記者訪問某大學幾個學生的鏡頭，哥哥對姊姊說：

「姊，我就是說這則新聞，昨天國立某大學有一個學生跳樓自殺，震驚全校，妳今天在學校有沒有聽說？現在正在報導他為何輕生，聽說他是個很優秀的學生。」

「是的，今天我們學校裡大家議論紛紛。可憐這位A君暗戀別系的C女已久，從不敢表白，放在心中兩年了，經常看到其他男生與C女互動頻繁，他心裡開始著急，前幾天鼓起勇氣跑到C女面前，卻不敢開口，居然伸手摸她的大腿，C女嚇了一大跳，大叫「色狼，性騷擾！」，附近的同學都靠近圍觀，A君無地自容，倉皇而逃。沒想到兩天後他就從學校的高樓躍下，了結自己的生命。」姊姊轉播其聽聞。

「怎麼會有這麼慘的事情，他怎麼這麼想不開呢？」媽媽嘆息的說。

「哎呀，這個男孩活著要裡子，死要面子，都沒有為他的親

人著想，白髮人送黑髮人，好悲哀！」爸爸接腔。

「怎麼說？」姊姊不解的問。

「他怕人家知道他單戀Ｃ女，隱藏在心內滿滿的，而被自己心愛的人誤會爲色狼之後，以死明志，實在太專注於自己了。」爸爸解釋。

「來，小弟，說說你對這則新聞的感想，還有你的感覺。」媽媽突然指明要國中的小弟說話。

「啊喲，女人禍水，我不殺伯仁，伯仁因我而死，好可怕，我可不想談戀愛！」小弟居然說出這種歪理。

「小弟，你是不是同性戀？我覺得Ａ君太死心眼了，Ｃ女一定是不喜歡他，才從不去注意他。其實啊，天涯何處無芳草！」高三的哥哥接腔。

「誰像你思想那麼風流，行動卻一無所成。我在想，Ａ君一定是太喜歡Ｃ女了，朝思暮想，以至於現實與幻想混淆，伸手摸了人家大腿，就成了色狼，眞是生命中不可承受之重啊！唉，愛情眞是悲劇！」姊姊大發高論。

問題呈現

媽媽心頭一驚，三個孩子因年齡有差別，看法大不相同，但也可以從他們的話語中，看出他們的一些個性特質，抓出對戀愛感情的一些看法。小弟說話極端又悲觀，對女性沒興趣對愛情無憧憬；而哥哥很樂觀又現實取向，把感情看得太容易了；姊姊則是心思較細密，情感較細膩，有分析能力及同情心，但大概受文學影響，視愛情為悲劇導向。

身為父母對於孩子似是而非的觀念該如何導正呢？哥哥聽說弟弟怕女生就說他是同性戀，孩子觀念錯誤，是否該罵他？

身為父母該如何利用全家都看到的這件社會新聞作為教材，來跟孩子們談論正確的感情戀愛觀念及態度呢？

分析與輔導

父母商討之後，決定先和子女談論A君與C女的案例，他們詳細閱讀報紙的報導，仔細聆聽電視上的播報，了解來龍去

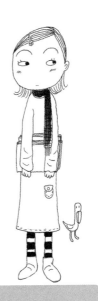

脈後才開始分析此案例。

　　A君：一個個性內向，在人際關係方面缺乏自信的青年，他因聰明記憶力佳，書讀得好，考試分數又高，成為他的補償作用；高中讀的是男校，很少與女生接觸，自小到大被父母賦予老大要有出息的重任，甚少獲得讚美，只被期望早日完成學業好好賺錢養家，因此他對自己有期許，但內心深處又自卑，擔心達不到目標。

　　他一向不想求人，尤其感情之事，他怕被愛慕對象拒絕，更怕別人在背後嘲笑他追不上，所以嚴密的隱藏愛意，但是每天晚上都會回想C女在學校的一舉一動，再加上自己的幻想，心中獲得暫時的滿足。

　　很可能他伸手只是想表達情意，大概是C女不知道其動機，從椅子上站起來欲離開，而A君情急之下，手碰觸了她的大腿，C女本來就覺得此君怪怪的，突然有此舉動，她是真的嚇到了，誤會由此產生，A君無法也不願辯解，突然間自天堂掉到地獄，他真的無法承受，在想不開又不想找人抒發悲思的情況下，悲從中來，一時衝動就縱身跳下去了。

C女：也許是A君隱藏的太好，也許是C女大而化之，很少注意到他，總之，C女真的不知道A君對她的喜愛情緒已堆積到滿溢，以致現實與幻想不分，她其實是無辜的，任何女孩突然間大腿部被摸一把，一定視為「鹹豬手」在輕薄，而她因為太驚嚇了以致情緒失控，惹得大家圍觀，也非她故意做作。

A君的身亡一定帶給她很大的衝擊，她真的會有我不殺伯仁，伯仁因我而死的感覺，也許會有自責及歉疚，她需要接受一段時間的心理諮商，以求恢復心情之平靜。

父母應該讓孩子了解，感情的事很難斷對錯，喜歡一個人是自然感覺，但如何表達此種喜歡卻是需要學習的，而如何接收對方的愛意或者拒絕追求都是人際互動中重要的課題。A君將喜歡放在心裡，卻希冀會有奇蹟出現：C女能夠聽到他的心聲，對他回眸一笑或侃侃而談，美夢成真。偏偏感情的事就是很微妙，即使努力追求都不見得能如願，何況A君根本從未行動

過。

　　A君功課好卻是讀死書，拿高分而不懂得生活就很吃虧，人是不能脫離人群而活的，在社交方面較成熟的青年，除了自己班上同學以外，別系同學、校隊、社團，甚至外校同學都可交往，自不同人身上學到經驗及不同的訊息都可以促進個人成長；而情感方面較成熟的青年，則是能夠找適合的對象抒發心中的喜怒哀樂。A君這個人想的比說的多，說的比做的多，平日很少與人分享心事，亦不尋求社會支持，才會陷入牛角尖。

　　媽媽很溫柔的對小弟說：

　　「爸媽不會強迫你去談戀愛或結婚，只是女人不是禍水，男人也不是天下烏鴉一般黑，你不用害怕去用情或談感情，談情說愛也是要學習的，你慢慢來吧！不過，如果你是同性戀，我們也一樣的愛你。」

　　爸爸正色的對哥哥說：

　　「小弟可能有點缺乏自信，他本來就較怕生，所以不敢接近女生，但他運用自我防衛機轉中的反向作用，說女人好可怕，你可以好好引導她去面對女性，以及與女性互動時可能會碰到

的種種情形。因此不要隨便說小弟是同性戀，其實我也能接納我的子女是同性戀，只要他們懂得生活且成為社會可用之材。」

結語

　　父母很客觀的分析A君與C女，讓孩子們深入了解他們的背景極可能的心路歷程，領悟到感情的事很難說誰對誰錯，而感情的處理確實與個性、經驗與成熟度有關係。三個孩子不再隨意斷言誰是誰非，學會以同理心來感受及以理性來看事情。

建議

1. 父母利用與男女感情有關的社會新聞來給子女做社會教育的教材，就地取材，有內容可探索，有議題可談，又具時代性，既便利又隨機。

2. 父母宜先讓孩子們發表對事件的看法及感受，不宜自己先大發高論，或大聲謾罵，孩子就不敢說出相反的意見或真心話。

你情我不願

醜陋的約會

云如穿上新買的洋裝，還偷噴了媽媽的香水，打扮得漂漂亮亮的出門去，這是第三次與立倫約會了，這次學長說要慶祝球賽大勝，請她吃牛排大餐。雖然上一次參加舞會在送她回家的途中，學長曾邀她要不要一起去北投洗溫泉及竟夜聊天，她雖然很喜歡依偎在他身邊呢喃，但畢竟離熟稔到可以一整夜相處還有段距離；先前相擁跳舞時，立倫就很老練的挑逗她的身體，讓她有點意亂情迷，只是自己並不是很隨便的女孩，感情總得花時間慢慢培養，所以她堅持要回家，在門口又聊天又擁抱的又磨上半小時，進門已是凌晨一點了。

其實云如也相當矛盾，多少女生仰慕這位籃球健將，自己

也是迷上他的笑容及帥氣，啦啦隊有那麼多美女，他居然會看上小學妹，云如覺得受寵若驚，第一次約會時她非常嬌羞，完全聽他說話，優雅的答腔，當他拉起她的手時，她真的有觸電的感覺，覺得好甜蜜。

在牛排館裡吃了牛排也喝了紅酒，云如有點暈眩，但很開心，完全符合電影中男女約會的用餐場面。立倫挽著她走出來，叫了計程車，邀請她至他住處欣賞他的攝影作品。原以為他的室友在家，但他回桃園老家去了。立倫將相片全攤在地毯上，兩個人趴在地上一人講解一人聆聽。立倫在指著照片中景物或人物時，很技巧的碰觸著云如的身體，甚至還順勢靠在她身上，云如屏住氣息不敢動，心裡疑惑他到底要做什麼。

立倫將她身體轉過來，輕壓在她身上，很熱情的親吻，云如抵擋不住，任他舌頭、嘴脣在她口裡嘴邊摩擦，那種感覺跟當年初戀時身體相觸的激盪很相似，她有點期待，但又害怕立倫的動作。果然，立倫將手伸進她的裙子裡，自大腿遊走到內褲，云如一方面覺得身體酥軟，一方面又有警覺之心。

「你要做什麼，立倫？」

「要讓妳舒服。」立倫在她耳邊吹氣。

「我現在很舒服，你再亂動我就不舒服了。」

「怎麼會呢？我會讓妳愈來愈舒服的。」立倫的頭靠在她胸部上，右手全力在拉扯她的內褲。

「不要這樣嘛，我們可不可以隔著衣服親熱？」

「妳是個性感的女孩，令我受不了，我們把衣服脫了自在些。」

「立倫，不要這樣嘛！」云如嬌嗔的求他。

立倫似乎欲火上升，不聽懇求，自顧自的將云如的洋裝翻起，正好蓋住她的頭，然後用力脫她內褲，云如的身體被壓住，但不停的扭動，兩手試圖阻止立倫的動作，她開始有點害怕。

「女孩都是先說不要，後來還不是都乖乖配合了，我們兩個都會很舒服的，妳亂動我會把妳弄痛的。」

「立倫，你到底要做什麼？」云如被立倫的話語刺傷，突然美夢驚醒，奮力的掙扎，並將他推開。

「幹嘛裝黃花閨女樣，大家出來玩不就是要享受？不要以為

妳和妳同學不一樣，女人沒有男人怎麼會爽呢？」

「立倫，我沒想到你是這樣的男人，原來我看錯了人！我要回家了！」云如大叫。

「我才是瞎了眼白搭上妳這女人，要走妳快走吧！」立倫沒好氣。

云如衝出他家，攔了一輛計程車回家。看到客廳的燈光，濃濃的安全感湧上心頭，看到母親坐在沙發上看電視，在等爸爸出差回來，云如忍不住悲從中來，撲到母親身上放聲大哭。

問題呈現

「媽，如果妳的女兒在約會中被強暴，妳會怎麼樣？他又會怎樣？」

「媽，那個萬人迷的帥哥學長居然是個色狼，我到底要怎麼分辨好人還是壞人？」

「媽，男生跟女生在一起一定都要做那件事嗎？」

「媽，我到底做錯什麼了？為什麼我的白馬王子不懂得疼惜白雪公主？」

媽媽帶著七上八下的心情聽完云如斷斷續續的敘說，已經是虛驚一場，在被女兒問及這些現實的問題更是如雷轟頂，她知道自己必須要小心回答，才能安撫云如受傷受驚之心，減低她不信任、失望、破滅的感覺，引導她對人生有興趣，愛情有希望，因此她一邊摟著女兒，一邊思索著如何與女兒談。

分析與輔導

母親看到女兒大哭，心頭雖急，卻未氣急敗壞的催促她快說，而是用手輕摸她的頭髮並將她攬入懷裡，自茶几上抽出面紙替她擦眼淚，聽她啜泣的訴說今晚的經過以及她的心情，媽媽從頭到尾除了「嗯哼」，及「沒關係，我在聽」外，就是聆聽，云如覺得她和母親的心從未如此貼近過。

媽媽完全沒有斥責她，「誰教妳一天到晚想談戀愛」，也沒有說風涼話，「妳現在知道男人的真面目了吧」，或者不關痛癢的說「好在妳沒有怎麼樣，以後知道要好好念書了！」，只是不

斷的同理她，說「妳眞的既失望又驚嚇，原來浪漫的約會竟變成不堪回首」或「這當然不怪妳，男女生交往是正當的，而對方步調太快了，妳措手不及」或「媽知道妳很難過，有夢碎的失落感及不被尊重的嫌惡感，不過妳的想法正確，作法沒錯，當然不能勉強自己去順從別人。」

媽媽也沒有破口大罵學長，謾罵只會讓女兒以爲世界上只有好壞兩種男人，當然立倫的帥氣、能言善道、熱情及身手矯捷都是他的優點，他對性隨便又不尊重女性當然是他的大缺點，但這是他被自小到大所學習到，或在腦海中形成的不正確性愛感情觀所驅使，從他與女性交往的經驗中，女生有投懷送抱的，也有半推半就的，當然也有吃了虧不敢聲張的，或者像云如這樣臨陣逃脫的，但大體而言，他的不恰當求歡行爲經常

你情我不願

受到增強，因此他並不知道自己的行為有可能傷害女生，還以為每一個女生都喜歡與他床上遊戲。

媽媽也完全了解青春女孩情竇初開，對愛情有美麗的憧憬，以為感情關係的發展可以依照自己的期望進行，經常來不及認識對方的真面目就掉入性愛的陷阱，云如當然也是其中之一，她的思想告訴自己學長撫摸她，是喜愛她的表現，但她身體的感覺是刺激與不安交雜著，心裡的感覺卻是不安全、不踏實，害怕掙扎之後，選擇順從自己的感覺，終止遊戲，當然與學長的關係也就完了。

云如一邊擦眼淚、一邊點頭，媽媽說的話她全聽進去了，她啜泣的說，「我知道，我們交往的時間太短了，彼此認識不足，關係還沒到身體接觸的地步，我一心想讓我所期望的愛情發生，以至於誤導立倫，以為我想的跟他想的事是一樣的。好險，真的好險，以後談戀愛我一定會小心的。」

結語

媽媽覺得很欣慰，心裡的石頭放下來，自己的分析女兒能

懂，雖是虛驚一場，但她也學到教訓得到領悟了。聽起來女兒對談戀愛是有信心的，也知道男女需經過較長時間的互動，才能建立信任感及安全感。當然她也想到萬一女兒當時經歷約會強暴，她就很難在短時間內，安撫女兒傷痛的身心了，還得藉助心理輔導的力量。

建議

1. 父母獲知孩子在男女關係方面遇險或有難，通常會又急又氣，口不擇言的責罵孩子，很容易使得孩子不說實話，情緒積壓，自我忍受，不僅戕害親子關係；也阻礙孩子的自我成長。

2. 平日可利用機會教育與孩子們談「約會強暴」及「性侵害」的議題，不是談多可怕、多丟臉，而是讓孩子知道人有千百種，以貌取人不可靠，夜晚單獨行走要注意等防範方式，及正確的性愛感情婚姻觀。

父母離異子女傷心

異鄉同心

張爸與張媽感情由濃轉淡，吵架與冷戰的戲碼在生活中不斷的上演，安安與靜靜兩個女兒，人如其名，自國中時開始感受到父母的不合，都表現得非常乖巧，在學校也是守規矩的學生，從未給父母添一絲麻煩。

高中時，從父母爭吵的對話聽來，除了個性不合，似乎還有第三者的問題，他們用夫妻間才聽得懂的話冷嘲熱諷，各自卻很少向孩子們訴苦，而安安與靜靜也覺得不該問，以免增加父母痛苦，也就自己過著一般青少女的生活——讀書、聽CD、與同學出遊、看電影、讀小說等，姊妹雖就讀不同的高中，感情相當不錯。

就在安安考大學落榜進入補習班讀高四，靜靜讀高三之

時，父母決定離婚，媽媽說再也不能忍受這個男人，她要追求自己的感情寄託，所以要搬到獅頭山的民宿，靠近寺廟，可以靈修，希望女兒能經常抽空上山探望。而爸爸因為經常要去大陸做生意，台北的房子大而舒適，兩個女兒當然是住在家中。安安與靜靜眼睜睜看著父母辦好離婚手續，母親找了舅舅及表哥表弟們只花了一個下午就將她的東西搬得精光。

兩個女孩的表現非常冷靜，連聲允諾會每天打電話向媽媽請安，也在爸爸每次出國時，再三叮嚀爸爸在外一切要小心，自己照顧自己，雖然她們也知道他在大陸有二奶。安安與靜靜將她們的心力投在準備考試中，專心念書，每天生活相當有規律。次年聯考放榜時，安安考上國立大學，靜靜進入私立大學，均在大台北範圍之內，她們很慶幸不須住校。大學生活對高中女孩的她們而言，非常新鮮有趣，除了修課外，忙著參加社團、班級球隊，也嘗試體驗舞會與夜遊，生活相當充實。

由於兩人對英文均很有興趣，害怕久不碰會生疏，在母親的鼓勵及祝福下，要求父親讓她們參加學校每年都有舉辦的柏克萊遊學團，有鑑於姊妹在旅途異鄉可以互相照顧，爸爸慨然

允諾。姊妹倆異常興奮，學校一放暑假就和其他同學一路奔到太平洋彼岸，看到金門大橋，進入氣派非凡又廣闊的柏克萊大學校區，內心充滿新奇、愉悅及滿足感。

　　每天四小時的課程加上時差作祟，姊妹倆在第四天時不支倒下，吃過中飯就一直睡到晚上九點才醒來，吃過泡麵溫習功課之後已是午夜，兩人雖回到床上，卻翻來覆去睡不著，彼此都能聽到身體在床上翻轉的細碎聲。

　　「姊，妳睡不著啊，妳在想什麼？」

　　「想家！」

　　「我也是，想爸爸、想媽媽……」

　　「想我們以前的家，是不是？」

　　姊妹就展開了竟夜的對話，毫無睡意。

問題呈現

　　「我真是不明白爸媽為什麼要離婚，我一直以為他們是歡喜冤家。」

　　「是啊，我也是很不願意看到他們分開，妳會不會覺得媽媽

太強悍，有點絕情。」

「不過好像是爸先有外遇的啊，媽氣他不忠又拿錢給大陸的女友。」

「妳怎麼也知道？」

「原來姊姊你早就知道？為什麼不告訴我？」

「我不想讓妳擔心，更不想讓妳對爸媽有怨恨不滿。」

「姊，你是不是有點氣爸媽離婚？」

「何止有點氣，我心裡埋怨又不敢說，其實挺傷心的。」

「看不出來嘛，就是因為妳很cool，我也只好裝酷。我真的很不捨得一個家分為二，我有撕裂感及失落感。」

「可憐的靜靜，妳早該跟我說的啊！」

「姊，我真希望媽能跟我說這樣的話。」

「原來我們兩個的感覺是相同的，但我們卻從未分享心情，壓在心裡好幾年，假裝它不存在，這是多大的負擔啊！」

「是啊，我們都不想讓爸媽擔心，他們自己的問題已經夠多了。」

「靜靜，沒想到妳這麼懂事，我真是又難過又開心！」

安安跳到靜靜的床上，兩人抱頭痛哭，盡情發洩。

分析與輔導

夫妻在生活多年後，因了解個性不合無法繼續共同生活而分開，是常有的事，且離婚並非壞事，事實上，離婚也是生活方式的一種選擇。當兩個人在一起覺得窒息不自在，還忍不住出言傷害對方，此種關係只有破壞性沒有建設性，且給孩子壓力及做壞榜樣，因此選擇離婚一途，但求雙方個人能追求自己的新生活。問題是，家庭裡不只是夫妻兩人而已，要結束婚姻只要雙方同意即可，家庭的瓦解必會傷害到周遭不少人，孩子自然是首當其衝，還有公婆、岳家以及親戚。

張爸與張媽的感情雖變調，但對孩子的疼愛絲毫不減，他們也許認為孩子當時年紀小說了也不懂，又怕她們擔心，或者不願意孩子對父母有誤會起反感，但是吵吵鬧鬧了好幾年，安安與靜靜看在眼裡、聽在耳裡怎麼可能不知道。父母卻一直以為不說就不會傷害到小孩，活在自欺欺人的想法中，而當他們要離婚時，一定已是不能容忍到痛恨對方的地步，各自都太專

注於自己的痛苦中，以至於忘記孩子是有感覺的個體，尤其對父母的關係最敏感。

離婚之後，女兒與父母聚少離多，他們很重視並珍惜相聚時間，爸爸自大陸返台住在家中時，看到女兒個性乖巧學業認真甚為放心，母親也因女兒會聯袂或輪流隔周末晚餐聊天，生活有相連而感到欣慰，都以為女兒們沒事，生活過得順暢美好。

安安與靜靜是過得很好，她們有父親的經濟支持，擁有父母各自的愛，她們自己也很努力順著自己的心去生活，但心中一直有著未竟事務，因為小小心靈無法承擔漸進且靜悄悄的發生了完整家庭的破壞，以及被剝奪與雙親同住一屋簷下的生活，當時沒有人向她們解釋，隨後的日子裡，忙碌與新奇的大學生活，似乎暫時止住她們的傷痛與失落，但內心深處，她們的心仍在滴血，表面上卻若無其事，一直到姊妹倆一同出國遊學，在柏克萊大學宿舍裡，一個安靜的

夜晚，兩個人想的是同一件事，話匣子一被打開，情緒排山倒海而來，姊妹哭成一團，可憐父母卻還不自知。

　　姊妹互相傾訴發洩情緒之後她們的心串連在一起，互相支持，也了解到父母離婚是既成事實，無法改變，目前可以改變的是自己的心態以及與父母的關係，親子關係雖然一直有互動，但相當表面化，甚少進到內心深處，她們渴望父母除了生育教養的愛之後，還能有心靈相通的親情，同時也想讓父母各自了解到，孩子已經能夠接受父母離婚，但求他們各自能從過去的痛苦中解脫，追求美好的人生。

結語

　　姊妹倆商量好回台灣後，約好一天找爸爸、媽媽出來，將自己的心路歷程公開分享，也希望聽聽父母的反應，以及他們離婚前後的心態，全家人把話說清楚，將積壓的情緒倒出來並整理，只有將未盡事務處理完畢之後，每個人才能心無負擔的往前看，雖然父母不同住，孩子長大也要各奔東西，「家」還是根植於每位成員心中。

建議

1. 親子之間愛的表達不僅是生活上的互動，心靈交流亦是必須的，尤其任何一方身處感情痛苦的事件中，如父母離婚或孩子失戀，分享心情、想法且互有同理心則愛的感受深刻，親子互動深入。

2. 孩子很多想法及感覺都放在心裡不說，父母當然不知道，因此父母要能察言觀色，用「心」溝通。

3. 孩子對父母的感情相當敏感，父母若不實說，孩子容易亂猜，因此父母在感情困擾之際，還得花心思，用孩子能懂得語詞解釋，讓他們了解情形，並逐漸接受。

父母離異子女傷心

情事複雜糾葛多

兄妹對談

爸爸媽媽在學校舉辦的座談會聽了專家的演講後,決定要給大二的兒子及高三的女兒一些切身的性教育,伺機而行。有一天,爸爸正好在報紙副刊讀到一則讀者來信,就在晚飯後大家坐在客廳看電視新聞、吃水果、聊天之際,爸爸大聲的將來信內容一字一字的念出來:

「我是大二女生,與男友相戀一年,三個月前因一時疏忽而懷孕,驚慌失措之餘,男友拿出積蓄,陪我去診所做人工流產,又在住處陪了我兩天,煮湯餵食;我知道他是真愛我,但我擔心以後身體受損不能生小孩,對做愛愈來愈不感興趣,經常逃避或拒絕,男友說我變了,愛他不夠深,但我沒辦法,非常痛苦。」

「更糟的是,男友說他是活生生的男人,眼看我在他身邊卻不能親熱,身心煎熬,他說他已負起責任,該做的事情都做了,也對我照顧有加,我還不滿意,居然以冷漠回報,他受不了這樣的關係,如果再這樣下去,他認為我們沒有交往的必

要。」

「做愛在從前是美好的，但現在對我而言是負擔不是享受，男友卻不能體諒，還出言威脅要分手，爲什麼他不能體諒我，我是遇人不淑還是情路坎坷？這種事又不能向人啓齒，每天好煩惱，過得好悲慘啊！」

妹妹的反應很激烈：「這個女生好可憐啊，她又沒做錯什麼，懷孕又不是她願意的，一定是男生忘記帶保險套。他害女友懷孕還要分手，這叫眞愛嗎？聽起來這女生還好愛她男友啊，眞是執迷不悟。」

哥哥的回答則爲：「男生是對女生很好啊，負起責任也幫忙善後，且一直陪在身邊，女生怎能因自己害怕就不顧男友的需求，如果擔心，當初就不要墮胎或懷孕啊，我是不贊成大學就交女友，光忙這些男女情事，怎麼帶社團辦活動？」

「那我們做父母的就可以對你放心了！」媽媽笑著說。

「哥只是還沒遇到他喜歡的女孩才說這種話，他是個呆頭鵝，以後惹的麻煩可能還更多。」妹妹吐槽，又繼續說，「男生一聽到女友懷孕，通常都嚇得半死，我們班上曾有個女生要

割腕，就是因為男友避不見面，後來他在死黨的勸說之下陪女友上醫院，膽子好小，死要面子，居然只在外面等，還不敢進去，這叫負責任嗎？我的看法是，不要讓女生懷孕才叫負責任。」

「妳太護衛女生了，她也是心甘情願與男友發生關係的啊，只要徹底實行避孕就不會再懷孕，有什麼好擔心的？」哥哥批評妹妹。

「但是問題是她現在不想與男友發生關係了，為什麼不可以？就算丈夫也不能強迫太太有性行為，他們倆只是男女朋友

情事複雜糾葛多

而已，爲什麼必須要有性關係，如果女生不願意？」這是妹妹的想法。

「我怎麼會有一個這麼前衛想法的妹妹？」哥哥聳聳肩。

問題呈現

父母認爲孩子果然年紀輕，看事情較主觀且情緒化，還不太能客觀的分析事情，以理性來思考問題解決方式，由於經驗不足，無法同理心來替當事人設想，全都以自己的觀點來批判，所以如此的一封讀者來信，正好可以激發思考及感覺引出各人的觀點，也因此讓父母聽到他們似是而非的論點而看到他們的盲點，加以教育與引導。

此時父母應以何種態度、何種方式來教育孩子呢？過度稱讚或偏袒一方可能會引起另一方的不平或反感，孩子們因性別不同及各人差異，已經就自己的立場在作無害也無建設性的言語攻擊，父母得小心翼翼的化解他們的對立，引導他們從「男」「女」的觀點，回到「人」的立場來思考處理讀者案例中的問題，而是就案例本身中的議題來分析討論。

分析與討論

1. 性關係：性關係不是光做不說，當初兩人可能簡單的討論過避孕的方式，但對於由感情而性愛的歷程是否有分享，性行為對他們來說「只要喜歡就可以做」，還是「關係的承諾」及「感情更上一層樓」。當初沒有討論，現在就很難講通，好像變成男友的權利、女友的義務。為什麼一個墮胎事件會讓濃情樂性轉成彼此埋怨？事出必有因，得先找出緣由，雙方才能先釋放心中的負面情緒而同心來處理感情關係，性的不和諧也可迎刃而解。不過這個過程複雜而深入，通常需要婚姻諮商專家的協助。

2. 人工流產：它雖只是一道醫學手術，對女友的身心影響甚大，男生陪同本來就應該的，通常兩位當事人事前事後在大醫院可以一起接受「墮胎前諮商」及「墮胎後諮商」，除了了解生理狀況，更要重視的是女友的心理變化，對男生而言，手術完就不用擔心了，因為「懷孕」就不存在了，他以為一切恢復從前，但就女生而言，她得等子宮恢復常態，她心裡受驚，也害怕手術有後遺症，加上對「胚胎」的罪惡感及對

父母的歉疚感，還有對自己的懊悔感，此時的她，百感交集，全是負面情緒，她需要的是了解、安慰、呵護、陪伴、傾聽、忍受等，而男友因為沒能體會她的心情，無法有同理心，只是顧到自己的需求及心情，不斷的抱怨，女生受到委屈也開始埋怨男友，互相指責，在惡性循環之後，感情就會走下坡，此時兩人必須攜手去找心理諮商或婚姻諮商師，被引導看到盲點，重新認識脆弱的彼此，學習溝通並支持對方，重建感情。

3. 負責任：所謂「負責任」，應是對「性愛」負責任，而不是對「懷孕」或「墮胎」負責任，兩人既已成年，就得對個人行為負責，要保護自己及對方免於因性行為而受傷害。以案例來看，即使是「一時疏忽而懷孕」，也是雙方的責任，男友全程陪同女友是應該的，只是到了後來他沒有耐心等待女友心理上的調適階段，從手術完到身心恢復正常所需的時間是因人而異，視其個性及社會心理因素的影響，「負責任」的男友會千方百計讓女友說出心裡真正的憂慮，聆聽陪伴，一起去找答案，如上網找資料、看書、請教輔導老師或心理諮商師等。

4. 性欲：當初雙方做愛是因為認為性愛的感覺是愉悅的，有感情的

伴侶，性行爲一再被增強，性欲很容易被激起，但手術完之後，女友擔心的事情太多，她想的都是負面結果，甚至認爲都是當初做愛才會導致今天的局面，她的負面認知消除了性欲，而男友則因久未親熱心裡本來就想，加上原始的衝動，他的性欲可能比平日高漲，全無與全有的對照之下，最嚴重的衝突就產生了，他說出要分手的氣話，其實是要威脅女友，但女友信以爲眞，雙方的誤解又增加了。

5. 不要害怕求助：年輕男女出了這類嚴重的問題，通常是不會稟告父母的，頂多是向好友傾吐，他們也幫不了什麼忙，總是兩個人愁眉苦臉，情緒不佳就容易因小事而吵架、賭氣、冷戰，結果時間一天一天過去，到了不能再拖的三個月期

情事複雜糾葛多

限，只好匆忙上診所，其實他們若能愈早求助，對事情及關係本身是愈有幫助的，輔導老師或心理諮商師都會保密的，也能提供必須資訊，並與男女雙方深入晤談，商量出最適合的處理方法。在國內，男女當事人會被鼓勵將此問題告知父母，尋求協助與支持，有些父母雖會暴跳如雷，但狂風大雨過後，他們會比孩子更急切來協助處理過程；而有些父母則心疼孩子受煎熬，立刻投入陪伴與支持的行列，共同來商議事情的處理方式。

結語

　　父母將讀者案例分析完畢，讓孩子對問題有進一步的思考之後，才針對兄妹所發表的言論給予回應。以兄妹目前各人的立場而言，他們的想法並沒有錯，哥哥目前不想交女友，只想要專心發展社團事務及學業，他希望生活單純簡單，不想節外

生枝，這樣並沒有什麼不好，況且他也沒有排斥他人交男女朋友。而妹妹是個有開放思想的人，關心女生又捍衛女生的性權利，滿有個人主見的，以後與男生交往時，比較敢說出自己的想法，爸媽感到放心。

建議

1. 墮胎的議題敏感、性別的議題則難解，父母在和孩子討論時最好兩人之間先溝通過，心裡有個底，說的話要有內容站得住腳。

2. 孩子們若說錯話或意見與父母不一致，他們是無知才如此，就是從沒和師長們交換過意見，才要開創機會讓他們學習，所以父母不能嘲諷或責罵他們。

3. 懷孕、墮胎等議題，父母在孩子國、高中時就要灌輸正確觀念，但進了大學後成了切身問題，而孩子也成年了，父母得以成人對成人的說話方式與之對談，循循善誘的好意不見得會被接納，忠告也可能只是參考意見，父母自己心裡要有準備。

自我檢視

父母須知、該學、能說

預防性侵害

　　加拿大性學與教育學家喬瑟琳侯貝最近出了一本新書《跟性侵害說不！》，內容大致是教導父母，要用心思來教導孩子遠離性侵害的「技能」，有如替他們施打預防針。她認為四歲的孩子就懂得父母教導，因此書中傳授的祕笈適用於四歲以上至青春期後期的孩子們之自我保護。

茲將侯貝女士的建議重點摘錄如下：

1.跟孩子開誠布公討論性

　　找適當時機，跟孩子描述「性」事，讓她們了解性生活是歡愉的，也是生命中很重要的一環。視孩子的年紀，挑選「真實」的字眼，教他們認識男、女性器官，以及嬰兒是如何出生的。記住，不要一下「倒」給孩子太多，最好採漸進方式教導。

2.鼓勵孩子分享生活點滴

　　孩子對你說話時要專心傾聽，贏得他們的信任。鼓勵孩子養成對家人傾吐的習慣，心中的不快或愉悅的事都要說，免得他們害怕被處罰，或覺得不好意思，而私藏心事。

3.別強迫孩子與外人「親親」

　　白白胖胖的孩子，會讓人忍不住要摟摟、抱抱，甚至親他們兩下，只是當孩子不想、不願意時，喬瑟琳建議，應給孩子自由

選擇的空間，幫助他們養成自我意識、了解自己有說不的權利。

這麼做，也可以讓孩子懂得：如何讓別人尊重自己的身體，一旦碰到性侵害，才知道拒絕。

4.解釋用字要清楚易懂

以簡單的字眼具體的描述，跟孩子解釋什麼是性侵害，並舉例讓他們了解。例如「他人用強或誘哄式的觸摸你身體，尤其是隱私部分，平常只有自己獨處或洗澡時才看得見的部位。」如果不是自己願意，被人隨意碰觸或強迫接觸的感覺一定是很不好的。

5.傳授孩子以下的自保守則

（1）孩子四歲起可以告訴他：身體是屬於你的，沒有人有權碰觸。

（2）任何孩子都可能成為「大人」性侵害對象。這名「大人」可能是他喜歡的，甚至原本愛他的人；向孩子強調，壞人不一定都長得一副「壞」模樣。

（3）碰到不認識的人搭訕、送禮物，或帶他們兜風，別輕易接受；不要讓陌生人車子駛近身旁，也別回答迷途駕駛的問題。

（4）任何人都沒有權利要求他脫光衣服，或幫他拍裸照。

（5）每次外出，都要告知父母去處，及預定回家時間；如果臨時有變，要及時打電話回家。

（6）碰到危急狀況，要盡速朝人潮多的地方閃躲，如跑進麵包店、超市或躲到公車站、商店結帳處皆可。

6. 有人攀談時如何應對

告訴孩子無論認識或不認識的人向你求助，或要求與你同行，都要先想到三個問題：

（1）如果接受，爸媽會知道我的去處嗎？

（2）萬一出狀況，有人能幫我嗎？

（3）幫這個人忙或讓他跟著，我覺得舒坦嗎？只要有一個答案是否定的，就立刻回絕。

7. 受到侵犯要講出來

「如果有大人強迫你做你覺得不好的事，要說出來；跟我或跟其他你信任的人說，都可以。」除了這句話之外，爸媽也必須跟孩子強調，受到性侵害，責任不在他；否則一旦成為受害者，孩子一生都會缺乏安全感，活在慌亂中。

父母對子女的態度

問　　題	同　意	沒想過	不同意
1. 我辛苦工作賺錢將孩子養大，他們當然要聽我的。	☐	☐	☐
2. 哪有父母不愛小孩的，愛就愛，何必掛在嘴上。	☐	☐	☐
3. 孩子做對做好是應該的，做錯做不好就得指正及指導。	☐	☐	☐
4. 我工作太忙太累須在家休息，只要看到孩子在家我就安心了。	☐	☐	☐
5. 雖然孩子已經18歲了，畢竟還是小孩，兒女總該聽父母的話吧！	☐	☐	☐
6. 子女怎麼能夠批評父母的言行。	☐	☐	☐
7. 就算我說錯話做錯事，過了就算了，不必向子女道歉。	☐	☐	☐
8. 子女關心、孝順父母本來就應該的。	☐	☐	☐
9. 孩子就生養了十幾年，我還不了解他嗎？	☐	☐	☐
10. 天下沒有不是的父母。	☐	☐	☐
11. 子女一旦惹我生氣，我都會教訓他們。	☐	☐	☐
12. 親子倫理至上，兩代之間界線分明。	☐	☐	☐

自我檢視

評估

　　如果你的答案中，「同意」多過「不同意」，則你是傳統型的父母，愛子女心切，指望他們成龍成鳳，但是你的期望他們不見得能領受到，而他們的想法你也無法體會，那是因為你教養孩子的態度相當保守、僵化，你的觀念與作風導致與孩子呈現上下互動現象，而不是上下左右多方向互動的關係。

　　如果你的答案大多數為「沒想過」，則該是你停下來好好想想為人父母的角色與態度了，每天例行工作似的與孩子相處，但孩子一天一天長大，想法也會改變，尤其到了青春期，思想情緒難以捉摸，對異性開始感興趣，進而有互動，父母若不能以開放、接納的態度進入孩子的內心世界及現實生活，是很難教育及引導他們的。

分析

1. 肯站在對方立場設想及體諒

　　父母在要求子女學會體諒父母的辛勞與苦心之前，不妨試著以青少年的心情，站在他們的立場來看引起雙方歧見之事，先同理他的心情，體諒其同儕壓力或其他苦衷。當孩子驚訝的感覺到父母深知我心之後，父母才能耐心教導孩子反過來替父母設想。

2. 肯表達你的愛，不應只放在心中

父母不敢問孩子不會說

194

「孩子，媽媽關心你」、「孩子，爸爸出差時好想念你」、「昨天你到同學家參加生日宴，好像玩得很開心，爸爸也很高興」、「看你這麼難過，媽媽的心也揪在一起了」。以上表達情緒的話，就是在傳達父母的愛。那種母（父）子（女）心中相連的感覺，不應只放在內心，應表達出來讓對方接收、感受到。

3. 學習欣賞對方，偶而要出言讚美

不是自己生的孩子就好，孩子有遺傳到父母的優點，當然要稱讚，但他自己獨特的優點更要加以讚揚，例如，「這一星期來每天晚上練兩小時的鋼琴，果然進步明顯而神速，有練就有差，你真的很努力，爸爸以你為榮！」，或者「你剛才那種的說法很恰當，反映出你已是一個小大人，能思考，肯為對方設想。」

4. 花時間與子女相處，要重質又重量

「學鋼琴的小孩不會變壞」所言不虛，但在家不出去的小孩，不見得就安全沒問題，他可能上網交異性網友，在網路上大談戀愛，或者瀏覽色情圖片，滿腦欲念，因此父母花時間「陪」子女，尤其是青少年期的子女，是每日必須做的功課。所謂「陪」，就是彼此分享部分生活點滴，聆聽對方喜怒哀樂事，同時也能獲知孩子在家庭內外的動態，也就是說陪伴子女要重質重量，才能建立實質親子關係。

5. 尊重對方，明白他們漸漸長成

孩子做錯事可以指責，但措辭要恰當，針對事情而非人身攻擊，青春期的孩子相當以自我為中心，裡子面子都要，因此父母教育與陪伴方式要跟隨孩子年齡與心境而修正。

6. 肯接受對方的批評和意見

當孩子對父母說了不尊重或不中聽的話，父母第一反應難免會不高興或生氣，然後就想罵孩子，不妨壓抑想要開口罵人的衝動，退一步想想孩子為什麼說這樣的話，顯然是他們的氣話，或者是不懂事亂用詞彙，或者這是他們眼中的事實，而大人未覺察到？最好等自己心平氣和時，再來就此議題與孩子懇談，乘機了解孩子對父母的看法及感受，是修補親子關係的大好機會。

7. 肯認錯，不是低聲下氣，而是身教的一部分

父母若說錯話或誤會孩子，甚至自己做錯事傷了孩子的心，不能為了要維持長輩的尊嚴而死不認錯，每一個人在人生任何階段，都有可能犯無心或無知的過錯，講話不經大腦而說錯話更是常有的事。若能承認自己錯誤，忍受懊惱之煎熬，記取教訓，而將此種心懷感受與孩子分享，則是最有效的身教言教。

8. 肯接受對方的好意與關心

「媽，您早點睡吧！」「爸，都快八點了，您還不去上班啊？」這原是孩子關心父母的話語，不論是例行問候還是出於真心，父母的回應都得正向且合乎邏輯，例如「馬上就要睡了，謝謝

你關心，你也早點睡吧！」，而不是「事情那麼多，做都做不完，睡什麼覺！」，或例如「今天跟客戶有約可以晚點出門，你不也該上學了，要不要一起出門？」，而不是「你管管自己吧，泥菩薩過江自身難保。」

雖說父母養育子女，將他們拉拔長大很不容易，但這是一代傳一代。既然要生就得負責養，可以期待他們成為對父母孝順、對社會有用之人，但不能認為孝順與關心是理所當然的。人都希望被尊重，其善意能接收到回饋，因此當子女能夠開放的表達對父母的好意與關心時，父母看在眼裡，樂在心中，嘴上別忘了說出感動的話語，當然也可以加上喜悅的表情與肢體語言。

9.認識自己，了解對方

父母因太專注於父母親的角色，有時會忘記自己也是「人」，有喜怒哀樂等各種情緒，有時在與子女的互動中，能夠看到自己的觀念、情緒及行為是如何的影響到孩子，或者孩子一些言行簡直是父母的翻版，此時是重新找回自己認識自己的時刻，同時也可以看到子女與父母在個性上的差異，深入了解逐日在成長、改變的孩子。

10.檢討自己是否是個好父母、好榜樣

父母教導子女的，自己得先做到。例如

要子女孝順父母，結果自己卻在鄰居面前抱怨婆婆的小氣及不近人情，或者嘴巴說要家庭和樂，自己卻暗地裡有婚外情。父母的婚姻是否美滿，夫妻情愛互動是否密切，均會影響孩子的性愛婚姻感情觀，進而影響他們的婚姻生活，因此做個好父母的大前提，是平日做好榜樣。

11. **要有風度和器量**

孩子們犯了錯，以道理教之，並告知他因此事而引起的種種負面情緒，使得心情極差，這個煎熬就是對自己的處罰。父母盡量以愛心及寬容來代替打罵，而且就事論事，不翻舊帳，不斤斤計較，孩子不會生活在害怕及想逃避的關係中，他便會長成開朗且有器量的人。

12. **應與子女做朋友**

時代不同，權威教育很容易造成孩子陽奉陰違，父母角色之外，試著扮演朋友的角色；想想自己當年也是由小毛頭長成大人，青少年其實很需要朋友的，他們除了同儕及偶像外，父母若和藹可親，近人情可談話，也可以成為認同的對象；既然親子之間像朋友，話題當然要年輕，流行且廣泛。信任感是友誼的基礎，當兩代之友誼建立起來後，了解更深，互動也就更密切。

性教育觀念

問　　題	同　意	不清楚	不同意
1.性教育是討論男女生理結構差異的課程。			
2.性教育在青少年期最重要。			
3.學校老師應負責將性教育教好。			
4.小學生不宜知道男女情愛性事。			
5.兩性關係的基本原則就是保持距離以策安全。			
6.保險套的教導使用是醫師的職責。			
7.父母教導避孕方式有鼓勵之嫌。			
8.性教育是處方教育,當孩子行為有問題,立即為此行為作處理。			
9.性教育與婚姻無關,它可以離開家庭生活單獨來談。			
10.「性」等於「性交」。			

評估

　　如果您的答案是都是「同意」或是「同意」多於「不同意」，即表示你知道有性教育這回事，但一知半解，有待加強，不妨與孩子一起討論。倘若您的答案是「不清楚」，則您真的沒聽說過性教育或很少花心思注意性教育，必須要學習，可借正規性教育教科書來閱讀，向孩子學習或請教學校的輔導老師。

分析

1.性教育是討論男女生理結構差異的課程

　　性教育不僅討論男女生理結構差異而已，它包括性生理、心理、倫理和法理等層面，目的在於形成社會和道德所教授的態度和行為，是學習如何成為一個男人或女人的教育。

2.性教育在青少年期最重要

　　性教育始於幼兒期，在學齡期、青春期、青年期、壯年期、老年期都一樣重要，只是青春期時第二性特徵出現，身心均起變化，容易發生個人疑慮或社會問題，此時預防、發展及處理均不可忽視。

3.學校老師應負責將性教育教好

　　性教育已納入學校兩性關係及生活教育的課程，老師當然有責任教育學生，但課堂上的引導加上家庭教育，以及父母的身教、言教就更為完整而實用。

4.小學生不宜知道男女情愛性事

低年級小學生雖還未發育，對男女情事已開始敏感，已經可以灌輸兩情相悅及身體親近是自然之事的正確觀念，父母親的親密互動可以是良好的示範，而高年級小學生有不少已開始發育，兩性關係的觀念更要加強。

5.兩性關係的基本原則就是保持距離以策安全

這句話適用於從前的社會，當然也可用於今日社會，只是現代男女因工作、受教育、娛樂等生活圈之擴大，接觸的機會頗多，男女之間可以形成不同層次的情誼；男女授受不親則沒有互動，男女逾越界線也是一樣容易出問題，重要的是雙方要有共識，依現況維持合乎倫理的情誼，而不是死板的保持距離。

6.保險套的教導使用是醫師的職責

避孕之事能請教醫師最好，他會就男女避孕方式及其利弊分析，並建議何種情境使用何種方式，另外護士、性教育家、健康照護專業人員均能教導使用避孕措施，包括保險套在內。事實上避孕對於青少年而言是新知識，對於成年人及父母則應該是常識。

7.父母教導避孕方式有鼓勵之嫌

父母教導避孕方式不但沒有鼓勵之嫌，反倒有警惕作用及保護作用。孩子們發現原來父母懂得不少，若講解生動且生活化，更容易了解避孕不僅是預防一時歡樂的後果，也是生育計畫的

手段，而保險套更能防止性傳染病。

8. **性教育是處方教育，當孩子行為有問題，立即為此行為作處理**

教育本來就有預防、發展及補救三方面的功能，性教育亦然。孩子們在性方面的行為有問題，當然要亡羊補牢立刻教導，但平日正確觀念的灌輸及健康態度的養成更為重要，畢竟預防勝於補強。

9. **性教育與婚姻無關，它可以離開家庭生活單獨來談**

家庭是由一男一女因愛而結合的最親密組織，男女兩性分別扮演著夫妻，進而父、母的角色，不論是生理上合一的滿足性欲及延續生命，心理上合一的彼此互屬及分享快樂，分擔痛苦，社會上性別角色的剛柔並濟、分工合作，都與性有密切關係，所以現代家庭生活教育，不能再像過去一樣不談「性」；而且負責任的性教育也必須與婚姻相聯繫，性教育不能脫離家庭教育單獨來談。

10. **「性」等於「性交」**

廣義的性是指男女性別所帶出來與性有關的想法、感覺及行為，包括兩性或同性互相吸引後之如何相處。而狹義的性則指與性有關的現象，如性欲、性興奮、性高潮及性疼痛等，以及行為，如愛撫及接吻等，因此「性」不等於「性交」，但「性交」是「性」的一部分。

性別刻板印象

問　　題	同 意	不確定	不同意
1.看男生的鼻子大小就可以推測其陰莖尺寸。			
2.外表豔麗裝扮入時的女性，床上功夫一定很棒。			
3.胸部小的女生，因為乳房小，不夠敏感，所以不是很會叫床。			
4.婚前性行為因不固定，所以不一定要避孕。			
5.主動要求做愛的女生生性淫蕩。			
6.女性悶騷，而男性則是外騷。			
7.除非男性功力高強，否則很難滿足有過自慰經驗的女性。			
8.陰毛長到快靠近肚臍眼的男性，雄風非凡性感萬分，是做愛高手。			
9.男生喝酒能壯陽，女性則會催情，均可助「性」。			
10.女孩較男孩社會化，喜歡交朋友，與親友來往。			

評估

　　倘若您的答案中「同意」愈多，則表示您的性別觀念大多道聽途說，深信刻板印象，已經被誤導，自我形象有可能受損，而在找尋伴侶時可能會有挫折感。如果您的答案大多是「不確定」，即表示您不太能區分正確性別觀念與刻板印象，有待加強性觀念，而您的答案中若「不同意」愈多，則表示您有不錯的性知識，足以打破性別刻板印象，非常好。

分析

1.看男生的鼻子大小就可以推測其陰莖尺寸

　　坊間許多傳說，說看男生的鼻子大小或手指粗細，甚至嘴脣厚薄就可以推測其陰莖大小，也說看女生走路的樣子就知其是否處女，均毫無根據，其實尺寸大小與其功能並無差異，但人們一向以為大長粗才是好，因此才會有推測尺寸之說。

2.外表豔麗裝扮入時的女性，床上功夫一定很棒

　　有的女生為悅己者打扮，有的女生愛漂亮自己欣賞，外表與內心有人一致、有人不一致，與床上功夫一點關係也沒有。所謂床上功夫其實是伴侶之間的熱情、熟悉及配合之組合。

3.胸部小的女生，因為乳房小，不夠敏感，所以不是很會叫床

　　不論乳房大小，其神經敏感度是一樣的，被撫摸一樣有快感，

哺乳功能亦無差別，與叫床無關。所謂叫床是男女做愛時感到愉悅而發出來的聲音，自在而追隨感官感覺較壓抑保守者會叫床。

4. 婚前性行為因不固定，所以不一定要避孕

婚前就是因為性生活不固定，常憑衝動行事，忽略推算日期的重要性，又不見得隨身攜帶保險套，因此比婚後有備而來的夫妻更有受孕的機率，為了保險起見，一定要避孕。

5. 主動要求做愛的女生生性淫蕩

男女都是人，一樣有性欲。現今社會男女平等，男追女與女追男均為自然之事，而關係中的女性也不再壓抑自己的欲望，透過情緒及行動表達，主動要求做愛，不能冠以淫蕩的負面字眼。做愛本來就是因付出而得到，男女雙方在同意之下性交，取悅對方，自己也獲得愉悅。

6. 女性悶騷，而男性則是外騷

男性因為體內有較多的雄性荷爾蒙，促發其較高的外傾性、主動性與侵略性，而女性則在傳統家庭中被教養成不能將性愛掛在嘴上的淑女，看起來女性被動而悶騷，男性主動而外騷，其實兩方的欲望滋長是差不多的，至於「騷不騷」則依各人而不同。

7. 除非男性功力高強，否則很難滿足有過自慰經驗的女性

自古以來自慰似乎被認為是男性的專利，女性一旦自慰就被視為淫蕩。其實女性亦有欲望，在沒有相愛又親密的男伴之前，自慰是紓解性欲的安全良方，且自慰可以幫助女性開發情欲，練習到達高潮，有助於日後做愛時的愉悅效果，與男性之「武功」及「技術」並無關係。

8. **陰毛長到快靠近肚臍眼的男性，雄風非凡性感萬分，是做愛高手**

性偏好不同，大部分女生喜歡高壯帥的男生，但也有一些女生喜歡毛茸茸的男生，認為胸前有毛，或陰毛向上延伸至肚臍眼處非常性感，那是她們個人感受，與男性是否高手並無關聯。

9. **男生喝酒能壯陽，女性則會催情，均可助「性」**

酒精能助興也能害人，對男女皆然。喝一點酒，酒精在身體裡起了作用，促進血液循環，若心裡已有欲念，很容易被催化而有性行為，但喝太多久則會昏沉想睡覺，心有餘而力不足，不但會臨場敗興，還有可能長期影響性欲與性激發。

10. **女孩較男孩社會化，喜歡交朋友，與親友來往**

研究顯示，兩性同樣對社會刺激有興趣，同樣對社會性增強有反應，同樣的對經由社會模仿式的學習很熟練。甚至在特定的年齡期，男孩較女孩花更多時間和玩伴在一起。

約會與兩性關係

問　　題	同　意	不確定	不同意
1. 約會的對象就是要談及婚嫁的對象。			
2. 大學畢業男性最好不要娶研究所以上的女性為妻，出門在外及在臥房內都會有自卑感。			
3. 好聚好散，是指男女分手後繼續做好朋友。			
4. 性是指做愛，是肉體的活動，與心理層面無關。			
5. 主動追求自己喜愛的男人的女性是太開放太隨便，也就是女性主義所謂的性自主。			
6. 男女約會，一方有親密行動之要求，對方若不說話，就是默許。			
7. 約會應該由男性付錢。			
8. 戀愛長跑愈久，感情愈穩固，婚姻愈幸福。			
9. 未有異性親密伴侶的男女不需懂得避孕之事及方式，要用時再學就好。			
10. 有感情前科（失戀、分手、同居、退婚……等）的男女，不純潔，千萬碰不得。			

自我檢視

評估

　　倘若您的答案中「同意」愈多，表示您的兩性觀相當保守與傳統，目前要以舊觀念來約會可能會行不通，你將很難享受愉快的約會，也很不容易找到一個你中意，對方也中意你的知心伴侶。答案中有很多的「不確定」，則表示你遊走在傳統與現代觀之間，多與人討論並閱讀性教育與兩性關係書籍，你的新觀念會帶給你兩性相處順暢之道。倘若您的答案中，「不同意」愈多，則您的約會及兩性關係態度正向而健康。

分析

1.約會的對象就是要談及婚嫁的對象

　　現代人的兩性交往並非從一而終，約會的功能除了兩情相悅與娛樂外，練習人際關係，學習兩性相處，才能更促進個人的成長。何況現代人有晚婚的趨勢，但有約會的需求，有時是經由約會歷程的深入了解而發現彼此的不適合，當然就不要再進一步談戀愛，因此雖然約會對象有可能成為嫁娶對象，約會卻不一定是為了找結婚對象。

2.大學畢業男性最好不要娶研究所以上的女性為妻，出門在外及在臥房內都會有自卑感

　　從前的社會男尊女卑，男女婚姻的組合注重四高，男性在學歷、收入、身高及年齡方面均要比女性高，因此女性在這其中

任何一項高出男性，會帶給男性壓迫感及自卑感，因為他們不願意臣服於女流。這樣的觀念已不適用於現代女男平等的社會中。

目前女性普遍受高等教育，有些系所陰盛陽衰。男女若讀到大學以上，思考方式、智慧及成熟度相差不會太遠，較能溝通相處，而大學是通才教育，研究所則是某方面的學問加深鑽研，並不表示碩士就高學士一等，重要的是男女雙方是否在個性方面能配合，對人生有共識，能共同生活，享受婚姻。

3. 好聚好散，是指男女分手後繼續做好朋友

男女分手後要繼續做好朋友是個理想，現實生活中並不容易做到，並不是每一對伴侶皆是因了解而分開，有因誤會、不合或積怨而痛恨對方，也有翻臉形同陌路人，老死不相往來。所謂好聚好散是指分手時不出惡言，不做任何傷害對方之事，雙方均同意保有過去兩人交往的隱私，平和的說再見，祝福對方有新的生活及美好人生。

4. 性是指做愛，是肉體的活動，與心理層面無關

自我檢視

「性」字本身是由「心」及「生」兩字組合而成，就其字面意義就可了解性是生命與心理的結合。雖說性是包括做愛，但性並不等於做愛，絕大部分的人，除了買春之外，都是因為兩情相悅，渴望與對方接近，身體相親，才產生欲望與激發而後行事，亦即心裡有愛的感覺引發肉體的活動。

5. **主動追求自己喜愛的男人的女性是太開放太隨便，也就是女性主義所謂的性自主**

古代教導女性要矜持、被動，凡是順從男性，如今女性在家庭及社會中的地位提高，可以自由戀愛且婚姻自主，當然就不是只有男性挑選女性了，女性可以主動告白或去追求自己喜愛的男性，這是人類表達感情的自然流露，也是權力，當然不是太開放或太隨便，而是人權。至於「性自主」則是指女性在性方面擁有主控權與同意權，情侶或夫妻間性交不再是權利與義務之相對面，而是兩相情願，彼此享受。

6. **男女約會，一方有親密行動之要求，對方若不說話，就是默許**

有些女性被動慣了，或者認為順從就是愛的表現，所以即使當時心裡不是很想要有親密舉動，她也不動聲色，不說「yes」或「no」，因為她害怕拒絕會令對方不悅，破壞氣氛。而有些女生是害羞或正在遲疑、徬徨，因此尊重女性的男生發現女性靜默不語時，得先了解她的意願，照顧到她的情緒，引導她說「yes」或「no」，不能自以為是或者強迫對方。同樣的，女性也該尊重

男性，若對方不語，並不表示默許，他可能是不情願或是有顧慮，她不該主觀的判斷對方是默許或者拒絕。

7. 約會應該由男性付錢

約會是雙方藉一些正常活動來相處，彼此了解，也獲得愉悅感，是出於雙方同意的，不能老是由男方付帳。通常前幾次是主動邀約者支付，若相處愉快，對方必會禮尚往來。當然有些不願欠人情者會提議輪流或各付各的，也是很好的方法。如果全由一方支付，顯然會有欠公平，誰也沒有義務替對方付帳，即使一方心甘情願，另一方也應無功不受祿，不欠人情，尤其男女在婚前最好不要有金錢糾葛。

8. 戀愛長跑愈久，感情愈穩固，婚姻愈幸福

男女相處久了固然認識愈深，互相認定對方為未來伴侶，但因久了凡是都習慣，很容易流於理所當然及例行公事，雙方若不隨時警惕，經常溝通，保持新鮮感，有時外來的一點刺激或引誘是有可能瓦解這份表面穩定的關係，因此不僅要有危機意識，也要懂得滋潤關係，才能在婚前及婚後度過感情難關。

9. 未有異性親密伴侶的男女不需懂得避孕之事及方式，要用時再學就好

男女之所以未有異性親密伴侶，也許是時機未到或自己目前還不想交，也有可能是對自己沒信心或感情上受過傷害，暫時封

閉，但未來的事很難說，尤其感情之事又是可遇不可求，而現代男女為求過品質好的生活，十八般武藝都得學，常識知識都得要豐富，避孕方式及事項已屬於生活常識類，也許以後有親密伴侶時用得上，可以保護自己及對方，平時若有同事朋友請教或求助，亦能發揮助人之效。

10. 有感情前科（失戀、分手、同居、退婚……等）的男女，不純潔，千萬碰不得

現在的人一生不只戀愛一次，年輕時不懂愛情卻常跌入感情的陷阱，等到懂事後想交個知心的親密伴侶時，感情並不是永遠如自己所願，有許多無法控制的因素，因此有人有分手、失戀、同居或訂婚後退婚等經驗，並不表示他（她）濫交或不純潔，只要是交往動機純正的男女關係，即使後來必須勞燕分飛，個人本身的價值觀未改變，他（她）有可能因為經歷過苦痛傷心的歷練，變得更成熟、更懂事，何況他若未與前面對象分手，怎麼會有機會與新的對象交往呢？

性愛觀念

問　　題	同 意	不確定	不同意
1. 維持兩性性關係的主要力量是性高潮。			
2. 能有多重性高潮的女性，性欲特別強。			
3. 陰莖長、粗、大的男性，容易帶給女性性滿足。			
4. 前戲比後戲重要，因為它能帶來高潮。			
5. 陰毛濃密的女性，性需求較強烈，性反應易快而強烈，很會享受高潮。			
6. 對異性有性幻想是不道德的、有罪惡的。			
7. 性生活滿意度與性高潮是有絕對的關係。			
8. A 片是最佳性技巧學習的範本。			
9. 男性過度頻繁的性交高潮、自慰高潮及遺精，會產生腎虧症候群。			
10. 口交只是舒服而已，不會有高潮。			

自我檢視

評估

倘若您的答案中「同意」愈多，則你對於性愛觀念有刻板印象，性愛知識的來源可能是同儕之間流傳，網路上的文章及Ａ片等，均為似是而非的迷思，您愈相信它們，你就愈會在性愛方面有挫折感，因為它們是不正確的觀念。若答案中有很多的「不確定」，表示您雖有傳統的刻板印象，你卻也感受到一些符合現代社會的觀念，開始新的思考及懷疑，您有很多學習的空間。倘若您的答案中「不同意」愈多，則您擁有正確的性愛觀。

分析

1.維持兩性性關係的主要力量是性高潮

男女在做愛時若各自均能獲得性高潮，心滿意足，身心愉悅，當然是好事，但女性並不是每次做愛都能達到高潮，可能是男伴侶的緣故，也可能是自己當時的身體狀況及兩性互動導致的心理因素。未有性高潮並不表示雙方感情不好，男女相處日常互動最重要，若能和諧相處，則渴望親密關係且身心愉悅，高潮只是其中一小部分，並非主要力量。

2.能有多重性高潮的女性，性欲特別強

能經歷多重高潮的女性是她的福氣，達高潮之前必經過高原期及興奮期，當然是有性欲才能發展出各階段。女性有性欲，肯

父母不敢問孩子不會說

表達、能享受是好事，她的伴侶會很幸福，性欲強弱因人而異，與高潮無關，性欲強的男或女不見得體力佳或一定會達到高潮。伴侶之間性欲強弱若差距過大，性生活有可能不和諧，並非強或弱的任何一方過錯，雙方必須協調如何配合。

3.陰莖長、粗、大的男性，容易帶給女性性滿足

大不一定是好，小有可能是美，一般人對大陰莖、大胸脯均有迷思，陰莖短小或細的男士，只要他有熱情，熟悉伴侶的性喜好及做愛步調，雙方能夠配合無間，一樣可以達到高潮，女方可以得到身心滿足。有些陰道窄的女性對於粗大的陰莖之插入還會感到疼痛，必須塗潤滑劑才能進行，如果男方不能小心溫柔配合得當，對於女性反而是心理負擔及生理痛苦，當然就不會有滿足感了。

4.前戲比後戲重要，因為它能帶來高潮

做愛若要感到滿足而完整，前戲不可缺，後戲不可少。男女之間親熱的愛撫動作，是表達情愛引發性愛的重要行動，而後進行插入，享受魚水之歡。完事後，是動作的停止，但身體仍然

自我檢視

215

需要接觸，心靈還想靠近，彼此的擁抱依偎及親熱小動作可以給此次做愛畫下完美的句點，雙方才能心滿意足的睡去，或起來各做自己的事，因此，後戲對於加強伴侶關係及有效與前戲同等重要。

5. 陰毛濃密的女性，性需求較強烈，性反應易快而強烈，很會享受高潮

人都有性幻想，大胸部、厚嘴脣或濃陰毛是性感的象徵，看到此類性徵，腦海裡立刻就想像這類女性必然很騷、很需要男人，很想做愛，其實這都是男性的投射作用，陰毛長得濃密的女性，與胸毛、陰毛長得濃密的男性一樣，因人而異，有性需求強烈或微弱者，除天生本質外，與社會心理因素有極大關聯。

6. 對異性有性幻想是不道德的、有罪惡的

幻想作用是因生活無聊或生命中有欠缺，幻想一些他想做或遠不可及但很嚮往之事、物或人，心中獲得暫時的滿足，是人的心理自衛機轉，適度的使用可以調適心情，回過神來重新回到自己的生活，但有些人使用過度，幻想與現實不分，想的比做的多，變得很不實際且妨礙現實生活，性幻想亦然，恰當且適度的性幻想有助情感的開發與進展，胡思亂想，例如正好看到姊姊豐滿的胸部，本是很正常，若想到自己的女友若是那樣該

有多好則屬正常，但是想到要抱抱姊姊，撫摸她的胸部，則當然會有不道德及罪惡感。因此適度的性幻想是可以被自己及他人接納的，不需要有罪惡感。

7. 性生活滿意度與性高潮是有絕對的關係

性生活滿意度與性高潮是有關聯的，但非絕對關係，因為性生活不只是高潮而已，它包括兩情相悅、愛撫親熱、甜言蜜語、前戲、交合、高潮及後戲，若每一階段（部分）都配合得很好，身心滿足則性生活滿意度高，尤其男性有洩精就有高潮，若是純發洩，他心裡還是覺得空虛。女性若空有高潮，丈夫卻是有二心的人，她的性生活滿意度必然不高。

8. A片是最佳性技巧學習的範本

A片是要刺激成人的性欲，著重引發感官的激盪，因此表演的非常誇張，誤導觀察者以為每個男人都得持久數小時或一再洩精，而每個女人均淫蕩飢渴，其實A片並未教導做愛技巧，演員只是花樣翻新不斷的變換姿勢甚至使用道具，比較像是特技，而非技巧，所謂技巧則是了解彼此的需求與喜好，能投其

所好，雙方有默契配合得當，則技術高潮，何況兩人若相愛，必然自動自發使出渾身解數投入做愛，並不是事事都要模仿A片，以免做不到，身心均有挫折。

9. **男性過度頻繁的性交高潮、自慰高潮及遺精，會產生腎虧症候群**

古代人說一滴精一滴血，行房過度會傷身，現代醫學的觀點則是與腎臟無關，而是男性在體力允許之下，不論是行房、自慰或自然遺精，不但不會傷身，也有可能愈戰愈勇。如果本身身體不健康，過度疲勞或有病痛，卻經常喝酒、吃藥助性做愛，則不但腎臟受損，其他器官也難以負擔，因此要享受性愛，健康身體是本錢。

10. **口交只是舒服而已，不會有高潮**

口交可以是愛撫動作，也可以是做愛的方法，亦即它是過程，也是目的。前戲時口交不僅讓接收者有舒服感，也會令雙方都感到興奮激盪，提高性欲，促進溼潤，引導雙方身心準備好進入接合的階段。但有心臟病者或懷孕後期的婦女不宜使用男上女下姿勢或者急遽動作者，有技巧的口交可以令對方由激盪酥麻而達到高潮。

自我檢視

國家圖書館出版品預行編目資料

父母不敢問孩子不會說：父母如何與子女談情
說性／林蕙瑛著. --初版. --台北市： 幼
獅.2005〔民94〕
面； 公分. --（新High親子手記；12）

ISBN 957-574-568-X（平裝）

1.性-教育

544.72   94018073

新*High*親子手記

父母不敢問孩子不會說 · 954117

作　　者　林蕙瑛
繪　　者　曲曲
編　　輯　周雅娣
美編設計　邱琇惠
發 行 人　李鍾桂
總 經 理　王福生
總 編 輯　孫小英

出 版 者　幼獅文化事業股份有限公司
總 公 司　10045台北市重慶南路一段66-1號3樓
電　　話　(02) 23112836
傳　　真　(02) 23115368
郵政劃撥　00033368

門市：幼獅文化廣場
●台北衡陽店：10045台北市衡陽路6號
　電話：(02) 2382-2406　傳真：(02) 2311-8522
●松江展示中心：10422台北市松江路219號
　電話：(02) 2502-5858轉734　傳真：(02) 2503-6601
●桃園成功店：33047桃園市成功路2段7號1樓
　電話：(03) 331-5319～20　傳真：(03) 333-2102
●苗栗育達店：36143苗栗縣造橋鄉談文村學府路168號(育達商業技術學院內)
　電話：(037) 652-191　傳真：(037) 652-251

印　　刷　崇寶彩藝印刷股份有限公司
初　　版　2005.11
定　　價　220元
港　　幣　73元

幼獅樂讀網　http：//www.youth.com.tw
e-mail：customer@youth.com.tw

行政院新聞局核准登記局版台業字第0143號

幼獅文化公司　／讀者服務卡／

感謝您購買幼獅公司出版的好書！

為提升服務品質與出版更優質的圖書，敬請撥冗填寫後(免貼郵票)擲寄本公司，或傳真(傳真電話02-23115368)，我們將參考您的意見、分享您的觀點，出版更多的好書。並不定期提供您相關書訊、活動、特惠專案等。謝謝！

基本資料

姓名：＿＿＿＿＿＿＿＿＿＿＿＿＿先生／小姐

婚姻狀況：□已婚 □未婚　職業：　□學生 □公教 □上班族 □家管 □其他

出生：民國＿＿＿年＿＿＿月＿＿＿日

電話：(公)＿＿＿＿＿＿＿＿(宅)＿＿＿＿＿＿＿＿(手機)＿＿＿＿＿＿

e-mail：＿＿＿＿＿＿＿＿＿＿＿＿＿＿＿＿＿＿＿＿＿＿＿＿＿

聯絡地址：＿＿＿＿＿＿＿＿＿＿＿＿＿＿＿＿＿＿＿＿＿＿＿＿

1. 您所購買的書名：＿＿＿＿＿＿＿＿＿＿＿

2. 您通常以何種方式購書？：□1.書店買書 □2.網路購書 □3.傳真訂購 □4.郵局劃撥
   (可複選)　　　□5.幼獅門市 □6.團體訂購 □7.其他

3. 您是否曾買過幼獅其他出版品：□是，□1.圖書 □2.幼獅文藝 □3.幼獅少年
   　　　□否

4. 您從何處得知本書訊息：□1.師長介紹 □2.朋友介紹 □3.幼獅少年雜誌
   (可複選)　□4.幼獅文藝雜誌 □5.報章雜誌書評介紹＿＿＿＿＿報
   　□6.DM傳單、海報 □7.書店 □8.廣播(　　　　)
   　□9.電子報、edm □10.其他＿＿＿＿＿

5. 您喜歡本書的原因：□1.作者 □2.書名 □3.內容 □4.封面設計 □5.其他

6. 您不喜歡本書的原因：□1.作者 □2.書名 □3.內容 □4.封面設計 □5.其他

7. 您希望得知的出版訊息：□1.青少年讀物 □2.兒童讀物 □3.親子叢書
   　□4.教師充電系列 □5.其他

8. 您覺得本書的價格：□1.偏高 □2.合理 □3.偏低

9. 讀完本書後您覺得：□1.很有收穫 □2.有收穫 □3.收穫不多 □4.沒收穫

10. 敬請推薦親友，共同加入我們的閱讀計畫，我們將適時寄送相關書訊，以豐富書香與心靈的空間：
    (1)姓名＿＿＿＿　地址＿＿＿＿　電話＿＿＿＿
    (2)姓名＿＿＿＿　地址＿＿＿＿　電話＿＿＿＿
    (3)姓名＿＿＿＿　地址＿＿＿＿　電話＿＿＿＿

11. 您對本書或本公司的建議：

10045　台北市重慶南路一段66-1號3樓

幼獅文化事業股份有限公司　收

客服專線：02-23112836 分機 208　　傳真：02-23115368
e-mail：customer@youth.com.tw
幼獅樂讀網http：//www.youth.com.tw